Oral Roberts

Jesus war nicht arm

JESUS WAR NICHT ARM

ORAL ROBERTS

Vorwort von Uwe Schäfer

WdL Publikationen
Postfach 101014
5630 Remscheid

Titel der Originalausgabe: How I learned Jesus was not poor

Published by Creation House Strang Communications Company
600 Rinehart Road, Lake Mary FL 32746, USA

Aus dem Amerikanischen übersetzt von Isabell Lorenz
Überarbeitet von Tanni Bluth
Umschlaggestaltung von Eva Bluth
Satz: Convertex, Aachen
Druck: Cox & Wyman Ltd., Reading

ISBN 3-928019-03-1

Inhalt

Vorwort

Armut ist keine Tugend!

So allmählich spricht sich dies auch in Deutschland herum. Es sind noch sehr viele Diskussionen im Gange, und viele Gläubige sind noch skeptisch und vorsichtig, aber immer mehr steigen auch dahinter, daß es einem reichen Gott keine Ehre macht, wenn seine Kinder arm sind.

Als ich am Anfang meines Dienstes stand, glaubte auch ich meiner Prägung gemäß, daß Gott zwar mein Versorger war, mich aber immer knapp halten würde, weil dies Teil seines Planes für mich sei. Wir konnten uns damals kein Auto leisten, und so fuhren wir zu dritt auf einem Motorrad, meine damals einjährige Tochter in einer Einkaufstasche zwischen uns. Nach ein paar Jahren jedoch hatten wir genug, und ich entschloß mich, mir eine einträgliche Arbeit zu suchen, um endlich einmal finanziell auf einen grünen Zweig zu kommen.

Auch fing ich an, mich neu mit dem Thema »Versorgung durch Gott« auseinanderzusetzen und stellte fest, daß ich durch Religion betrogen worden war. Gott zeigte mir, daß ich die ganze Zeit über meinem Glauben gemäß gesegnet worden war und daß er bereit sei, alle meine Bedürfnisse zu befriedigen, und zwar nicht »so eben zum Überleben«, sondern nach seinem Reichtum in Herrlichkeit (Phil 4,19). Die allgemein verbreitete Theologie, Jesus sei ein »obdachloser Landstreicher« gewesen, kann einfach nicht mehr hingenommen werden, und ich bin dankbar für Bücher wie dies von Oral Roberts, die mit unseren – oft falschen – religiösen Konzepten gründlich abrechnen.

Uwe Schäfer
Pastor der »Christlichen Gemeinde Wuppertal G.e.V.«

Einleitung

Ich weiß aus eigener Erfahrung, was es heißt, in Armut aufzuwachsen. Manchmal mußte meine Familie monatelang in äußerster Armut leben. Das brachte meinen Vater, den Prediger, fast um den Verstand. Meine Mutter, eine hart arbeitende Frau, die immer dafür sorgte, daß die Familie mit dem wenigen irgendwie zurechtkam, war schlicht und einfach verärgert, wenn wir so gut wie gar kein Geld hatten. Sowohl Papa als auch Mama waren Gott außerordentlich ergeben. Niemals hätten sie wegen unserer finanziellen Situation etwas gegen Gott oder die Gemeinde gesagt. Doch von frühester Kindheit an bis zu dem Moment, wo ich genug hatte und von zu Hause fortging, um mein eigenes Leben zu führen, mußte ich ihre Seelenqualen mit ansehen.

Papas Arbeit als Prediger war eine Vollzeitbeschäftigung, und nebenbei hatte er noch einen weltlichen Vollzeitjob. Als jedoch die zwölf Ortsgemeinden, die er aus dem Nichts aufgebaut hatte, es nicht fertigbrachten, ihn finanziell zu unterstützen, sah er sich vor eine furchtbare Entscheidung gestellt: Entweder er versah seinen Dienst weiter und bleib arm, oder er gab den Dienst für Gott auf und nutzte seine Talente zum Geldverdienen, wie dies seine Brüder taten.

Ich wuchs auf den Ölfeldern Oklahomas auf, hatte jedoch keinerlei Anteil am dortigen Wohlstand. Papas 160 Acres große Farm lag im Herzen des Öllandes in Pontotoc County. Er verkaufte sie für 800 Dollar und wurde Prediger. Am anderen Ende der Straße, auf der Farm seines ältesten Bruders Willis, fanden sie eine Ölquelle. Nur zwei Meilen weiter stieß sein Bruder John auf Öl. Papas Vater erhielt ebenfalls einen beträchtlichen Anteil des Ölgeldes.

Doch wir sahen davon keinen einzigen Cent. Schlimmer noch, all meine Cousins sahen auf uns herab, verspotteten uns als »Prediger-Kinder«. Mein Bruder Vaden und ich schlugen ein paar Nasen blutig, aber das konnte unsere Bäuche nicht füllen.

Trotz der völlig unzureichenden Unterhaltszahlungen, die mein Vater für seinen Dienst erhielt, hörte er nicht auf, zu predigen und neue Gemeinden zu gründen. Oft mußte meine Familie im ärmsten Viertel der Stadt leben.

Vaden und ich dürsteten nach Erziehung und Bildung. Ich vor allem wollte Anwalt werden und träumte davon, Gouverneur von Oklahoma zu werden. Damit wir zur Schule gehen konnten, nahm sich Papa die ersten sechs Wochen des Schuljahres Urlaub von seinem Dienst und fuhr uns zu den fruchtbaren Baumwollfeldern im Westen Oklahomas. Dort pflückten wir Baumwolle, bis wir genug Geld verdient hatten, um uns Winterkleidung zu kaufen. Wir besorgten uns auch so viel Grundnahrungsmittel – Mehl, Zucker, Backfett, Kartoffeln usw. –, daß wir den Winter überstehen konnten.

Daß wir uns sechs Wochen zu spät angemeldet hatten und daß wir mit dem Lernstoff im Rückstand waren, brachte uns viel Spott ein. Aber Papa und Mama, zwei der besten Leser, die ich je gekannt habe, überzeugten uns, daß wir die verlorene Zeit durch Lesen wiedergutmachen konnten.

Ich erinnere mich an ein Ereignis jener Tage, das sehr amüsant ist. In meiner Klasse war die Tochter einer Familie, die durch Öl sehr reich geworden war, und sie war wirklich sehr gescheit. In jenen Tagen führte uns der Lehrer am Ende des Schuljahres in einen besonderen Raum, wo er die Zensuren für jedes Kind verlas. Phyllis hatte in jedem Fach eine glatte Eins, und sie ging mit einem breiten Lächeln nach vorne, um ihr Zeugnis abzuholen.

Da mein Nachname mit R anfängt, wurden meine Zensuren ziemlich zum Schluß vorgelesen. Es gab keinen schöneren Moment als den, als der Lehrer sagte: »Oral Roberts, in allen Fächern glatt Eins.« Das Lächeln auf Phyllis' Gesicht war wie weggeblasen.

Ich bekam die Einsen, und das brachte mein Herz zum Singen. Aber meine Freude hielt nicht lange an, denn ich mußte in unsere Armut zurückkehren.

Papa war solch ein guter Mensch, ein hart arbeitender Prediger, einer, der den Menschen half. Warum nur erwartete man von uns, daß wir unbedingt arm sein mußten? Die Ärzte lebten in schönen Häusern, ebenso die Rechtsanwälte und

Kaufleute und viele andere. Wir waren die Kinder eines Vaters und einer Mutter, in deren Leben Gott an erster Stelle stand. Es gab keinen Augenblick, in dem ich sie dafür nicht liebte und bewunderte. Aber eine ihrer »Belohnungen« war diese himmelschreiende Armut. Das Traurigste daran war, daß Gott, wie ich später erfuhr, mit Papas Armut gar nichts zu tun hatte. Jesus hatte gesagt: »Der Arbeiter ist seines Lohnes wert« (Lk 10,7).

Papa war bekannt als wortgewaltiger Prediger, als Gemeindegründer, als Mann des Glaubens und der guten Taten. Aber ich erinnere mich an keine einzige Gelegenheit, bei der mein Vater durch seine Kirche dazu gebracht worden wäre, seinen Glauben für irgendetwas anderes als für das Evangelium einzusetzen. Die Bedürfnisse seiner Familie rangierten bei ihm keineswegs an erster Stelle. Die Leute glaubten, daß Jesus arm gewesen war, also sollte auch Papa arm sein. Gegen meinen Willen war ich mit ihm arm. Außer meiner Arbeit für die Schule und außer der Tatsache, daß ich in jedem Herbst sechs Wochen zu spät in die Schule kam, weil ich Baumwolle pflükken mußte, trug ich Zeitungen aus. Darüber hinaus bot ich in Gegenden, die ich noch zu Fuß erreichen konnte, Obst und Gemüse aus unserem Garten zum Verkauf an und kam immer erst bei Dunkelheit nach Hause. Ich stand um vier Uhr morgens auf, um für eine Molkerei Milch auszuliefern. Natürlich war das alles nicht so schlimm. Aber unsere Armut mit dem Christentum in Zusammenhang zu bringen, war etwas, das ich damals nicht akzeptieren konnte, und ich kann es heute auch noch nicht. Ich glaube, das ist eine von Menschen gemachte Lehre.

Als Teenager hatte ich Christus noch nicht als meinen persönlichen Erlöser akzeptiert. Das hatte nichts mit meinen Eltern zu tun, die, wie ich wußte, Gott von ganzem Herzen liebten. Aber die Tatsache, daß ich der Sohn eines Predigers war, machte nicht automatisch einen wiedergeborenen Christen aus mir. Später lernte ich, daß ich selbst Christus annehmen muß. Wie einmal jemand sagte: »Gott hat keine Enkel, nur Söhne und Töchter.«

Als kleines Kind glaubte ich tatsächlich, daß Jesus in unserem Haus wohnte. Meine Eltern wachten immer vor Tagesanbruch auf. In den kleinen Zwei- und Dreizimmerhäusern, in denen wir lebten, waren die Wände dünn, und wir konnten sie mit Jesus reden hören. Es war so, als lebte Jesus mit uns in unserem Haus.

Was mir an der ganzen Sache nicht gefiel, war die Tatsache, daß ich instinktiv wußte: Ohne das Geld für High School und College würde ich meinen Traum, Rechtsanwalt und Gouverneur zu werden, niemals verwirklichen können. Ich konnte buchstäblich keinen Weg erkennen, der durch die Armut, in der wir lebten, zu meinen Zielen führte, so hart ich auch arbeitete – oder so viel Gutes mein Vater auch tat.

Was mich dazu brachte, kurz vor meinem sechzehnten Geburtstag mein Zuhause zu verlassen, war die Art und Weise, wie die Gemeindeleute meinem Vater weh taten. Es war mehr als Leiden um des Evangeliums willen. Er litt auch in dieser Hinsicht viel, aber er beschwerte sich nie. Was ihn am meisten quälte, war die unausgesprochene Haltung der Gemeindeglieder: »Gott, halte du Reverend E. M. Roberts demütig, und wir werden ihn schon arm halten.« Das Ergebnis davon war eine Betrübnis in seinem Geist. Mama war da sehr viel unverblümter, und sie sagte ihnen oft die Meinung. Papa jedoch nahm es einfach hin und weigerte sich, seine Berufung, Gottes Wort zu predigen, aufzugeben.

Andererseits gab es Zeiten, in denen die Leute uns mit Gaben für seinen Dienst überschütteten, und wir hatten für einige Wochen ein reichliches Auskommen. Papas Schultern streckten sich, und er versah seinen Dienst mit neuer Kraft.

Als Junge stotterte ich und sprach nicht oft. Aber ganz gewiß dachte ich viel nach. Ich dachte: Warum ist Papa so traurig, wenn das Geld nicht kommt, aber so froh, wenn es kommt? Warum schienen die Leute zu glauben, daß Papa demütig war, wenn er wenig oder nichts hatte, doch wenn es ihm gut ging, warum kritisierten sie ihn dann? War sein Dienst nicht genauso anerkennenswert wie die Arbeit eines Arztes, eines Rechtsanwalts, eines Kaufmanns?

Sein Dienst verdiente Anerkennung, und der Respekt der Menschen war sehr groß. Aber genau darin lag die große Ungerechtigkeit. Sie waren tatsächlich der Meinung, daß Jesus arm gewesen war und daß diejenigen, die das Evangelium verbreiteten, ebenfalls arm sein mußten.

Wenn es jemandem in der Kirche finanziell zu gut ging, war er in ihren Augen tatsächlich suspekt. Sie dachten, er wäre »weltlich« und würde nicht in den Himmel kommen.

Bis zu der Zeit, wo ich mit meinem Heilungsdienst anfing, hatte ich niemals eine Predigt über biblischen Reichtum für Gottes Kinder gehört, mit Ausnahme der Predigten, die ich selbst hielt, nachdem ich 3. Johannes 2 entdeckt hatte. Dieser mein Leben verändernde Vers lautet: »Geliebter, ich wünsche, daß es dir in allem wohlgeht und du gesund bist, wie es deiner Seele wohlgeht.« Dieser Vers und andere, die ich in der Bibel entdeckte, öffneten mir die Augen für Gottes Güte. In den darauffolgenden Jahren, als mein Dienst mit dieser Lehre in ganz Amerika viel Aufsehen erregte, beschrieb mich die Zeitschrift *Time* als den »Tornado aus Oklahoma«.

In den Vorstellungen meiner Kindheit war Jesus für meine Eltern real, aber was sein Leben auf Erden betraf, war er, so glaubte ich, eine Art ätherisches Wesen ohne finanzielle Bedürfnisse wie Unterkunft, Kleidung, Nahrung oder Beförderungsmittel. In meiner Vorstellung war er eine Art Penner.

Doch Papa predigte, Jesus war Gottes Sohn! Außerdem sagte er, er war ein Mensch wie wir. Ich dachte: Wenn Jesus Mensch war, hatte er dann nicht auch Bedürfnisse wie wir?

Ich war ganz verwirrt. Ich verstand das alles nicht. Jetzt, nach 41 Jahren im Heilungsdienst, nachdem ich mit dem – geistlichen, physischen, finanziellen – Leiden von Millionen Menschen in aller Welt zu tun hatte, bringt mich Gottes Kraft selbst dazu, die Frage »War Jesus arm?« direkt anzugehen. Ich möchte auch mitteilen, was ich selbst über Jesus gelernt habe.

Es gibt viele Fragen, die Gottes Kinder seit Jahrhunderten gequält haben.

Ist das Christentum rein geistlich? Sollen Christen den menschlichen Faktor ignorieren? Ist die Aussage Jesu »Der Arbeiter ist seines Lohnes wert« (Lk 10,7) wahr oder unwahr? Lassen wir den Teufel ungestraft davonkommen, wenn er unser Geld, unsere Hoffnungen und unsere Träume, unsere Gegenwart und unsere Zukunft stiehlt? Sind es Gottes Kinder wert, daß ihre Bedürfnisse sowohl finanziell als auch geistlich erfüllt werden, oder sind sie es nicht?

Meinte Jesus wirklich, was er sagte mit seinen Worten: »Ich bin gekommen, damit sie Leben haben und es im Überfluß haben« (vgl. Joh 10,10)? War es seine Absicht, daß der »Überfluß« nur für unsere Seelen, nicht aber für unsere täglichen physischen Bedürfnisse und unsere menschlichen Erwartungen gelten sollte? Warum hat die angekündigte Absicht Jesu bei seinem Eintritt in die Welt – »Ich bin gekommen, damit sie Leben haben und es im Überfluß haben« – solch geringen Eindruck auf den Leib Christi gemacht? Warum gibt es, da man in seinem physischen Leib 24 Stunden am Tag für den Rest seines irdischen Daseins leben muß, unter den Gläubigen keine gemeinsame Übereinkunft darüber, daß Gott sowohl für unser geistliches Leben als auch für unser physisches Menschsein sorgt?

Der Druck der Armut, unter dem unsere Familie leben mußte, obwohl meine Eltern Gott liebten und ihm dienten, warf bei mir so viele Fragen auf, daß ich nicht einmal so weit gehen wollte, mich als Christ zu bezeichnen. Da ich mit der Bibel und ihren faszinierenden Geschichten über Jesus aufwuchs, fragte ich mich, ob Jesus tatsächlich nur ein Gewand besaß. Hatte er wirklich keinen Ort, wo er sein Haupt betten konnte? Waren sein Erzfeind, der Teufel, und dessen Diener wirklich die einzigen, die Geld haben sollten, eine umso drängendere Frage, als Papa beim Lesen der biblischen Geschichten uns die Stellen vorlas, wo es heißt, daß Gott alles Silber und Gold gehört. Wenn ich Christ würde, stände mir dann ein Leben voller Armut und Entbehrungen bevor, gleich dem meines Vaters? Gab es keinen Platz für mich außer dieser beengten kleinen Lebenssphäre in Pontotoc County, wo ich wahrscheinlich nie zu einer guten Schulbildung kommen würde, geschweige denn zu einer Chance im Leben?

Später, als ich schon wiedergeboren war, nachdem ich von Tuberkulose und vom Stottern geheilt war, und nachdem ich Gottes Ruf, Prediger zu werden, vernommen hatte, fand ich mich in derselben Situation wieder, in der ich aufgewachsen war. Seit der Zeit bis zum heutigen Tag habe ich die gesamte Bibel mehr als hundertmal durchgelesen, und das Neue Testament noch weit häufiger. Tatsächlich habe ich Zehntausende von Stunden über dem Studium der Bibel verbracht und habe darüber hinaus an der Universität meinen Magister der Theologie gemacht. Ich habe Gottes Wort auf die schlimmsten Krisen des Lebens angewendet – angesichts der verzweifelten Nöte von Menschen in aller Welt, und zwar in Einzelgesprächen wie in Massenversammlungen bis zu einer halben Million Menschen. Ich nehme nicht für mich in Anspruch, alles zu wissen. Es gibt in der Tat noch sehr viel, was ich lernen muß! Aber ich erkläre vor Gott und den Menschen: Irgend jemand erzählt der Welt einen Haufen Lügen über den größten Freund, den ich je gekannt habe, über meinen persönlichen Erlöser und Herrn – mein Leben – Jesus Christus von Nazareth.

Ich glaube, daß ich hinreichend befähigt bin, mich mit dieser Frage zu befassen, und zwar vom Standpunkt des einzigen Buches aus, das die ganze Wahrheit sagt, der Bibel, aber auch aufgrund meiner persönlichen Erfahrungen. Folge mir nun, wenn wir die Bibel darüber befragen, ob Jesus arm war. Sieh dir doch Jesus einmal von einem anderen Standpunkt an. Es kann sein, daß du ihn in einem ganz neuen Licht siehst. Es könnte deine Haltung Gott gegenüber und deine persönliche Beziehung zu Jesus im Hier und Jetzt total verändern. Und es wird deine Seele in eine Begeisterung versetzen, wie du sie noch nie gekannt hast.

Oral Roberts

P. S. Wenn du eine Bibel zur Hand hast, überprüfe die Stellen, auf die ich mich beziehe, und die Offenbarungen, die mir, wie ich glaube, der Heilige Geist hinsichtlich der Armut Jesu und der Frage, ob die heutigen Christen arm sein sollen, gegeben hat.

Kapitel 1
War Jesus arm?

Es gibt die weitverbreitete, aber irrige Vorstellung, daß Jesus arm war, als er auf dieser Erde lebte. Laß mich sieben Gründe aus der Bibel nennen, die meiner Meinung nach zeigen, daß *Jesus nicht arm war*. Danach komme ich noch einmal auf jeden einzelnen Grund zurück und erläutere ihn anhand des Wortes Gottes.

1. Jesus hatte ein Haus, das groß genug für Gäste war.
2. Jesus hatte Geld, und zwar so viel, daß er einen Kassenwart brauchte.
3. Jesus hatte ein Mitarbeiterteam, und zwar ein sehr großes, das er finanziell unterstützen mußte, während sie von Dorf zu Dorf gingen.
4. Jesus konnte sich auf etliche Geldgeber stützen, eine treue Gruppe von Freunden, die ihm mit ihrem Geld »dienten«.
5. Jesus trug gute Kleidung, Kleidung, die viele Leute heute wahrscheinlich Haute-Couture Modelle nennen würden, Kleidung, die kostspielig und genau auf seine Bedürfnisse zugeschnitten war.
6. Jesus wurde von einem reichen Mann ein Grab zur Verfügung gestellt. Auf diese Weise wurde gesorgt, daß er eine angemessene Grabstätte erhielt.

7. Gott sagt, er würde alle unsere Bedürfnisse entsprechend dem Reichtum Jesu erfüllen (siehe Phil 4,19).

Zunächst einmal, woher wissen wir, daß Jesus ein Haus hatte? Bitte lies aufmerksam Johannes 1, 35-39, und achte auf das, was meiner Meinung nach für uns eine besondere Offenbarung ist – daß Jesus ein Haus hatte, groß genug, um Gäste zu beherbergen: »Am folgenden Tag stand Johannes wieder da und zwei von seinen Jüngern; und hinblickend auf Jesus, der umherging, spricht er: Siehe, das Lamm Gottes! Und es hörten ihn die zwei Jünger reden und folgten Jesus nach. Jesus aber wandte sich um und sah sie nachfolgen und spricht zu ihnen: Was sucht ihr? Sie aber sagten zu ihm: Rabbi – was übersetzt heißt: Lehrer –, wo hältst du dich auf? Er spricht zu ihnen: Kommt, und ihr werdet sehen! Sie kamen nun und sahen, wo er sich aufhielt, und blieben jenen Tag bei ihm. Es war um die zehnte Stunde.«

Hier nun die Tatsachen. Bevor Jesus von Johannes dem Täufer im Jordan getauft wurde, wurde dem Johannes offenbart, daß der, den er taufte, Gottes Sohn sei, der lang erwartete Messias, der Erretter der Welt. Als Johannes erkannte, daß dieser tatsächlich Christus war, sagte er zu der Menge, die ihn umgab: »Siehe, das Lamm Gottes, das die Sünde der Welt wegnimmt« (Joh 1,29).

Kurz nach seiner Taufe ging Jesus unauffällig weg. Zwei Schüler des Johannes waren aber von Jesus so beeindruckt, daß sie ihn einholten und ihn fragten, wo er wohne. »Kommt, seht es euch an«, antwortete Jesus. Vielleicht glaubten diese Männer, wie so viele heute noch, Jesus wäre eine Art ätherisches Wesen und hätte kein Zuhause, etwa so wie ein Landstreicher. Sie dachten womöglich, er habe keinen materiellen Besitz, wie ihn alle anderen Menschen haben müssen, um auf Erden zu leben. Jesus, der ihnen die Wahrheit zum Bewußtsein bringen wollte, sagte: »Glaubt ihr etwa, nur weil ich diese übernatürliche Begegnung mit Gott hatte und weil ich außerdem Gottes eingeborener Sohn bin, wurde ich nicht auf die Erde geschickt, um ein Mensch zu sein ganz so wie ihr? Daß ich kein Haus brauche, kein Heim? Kommt mit und seht.« Als sie ankamen, sahen sie, wo er wohnte. Ich glaube, das war sein Haus. Denn die Bibel sagt, er bat sie, seine Gäste zu sein, und sie verbrachten den Tag bei ihm.

Wenn du mich fragen würdest: »Oral, wo wohnst du?« Und ich würde sagen: »Komm und sieh es dir an«, und wenn ich es dir zeigen und dich bitten würde, den Rest des Tages bei mir zu verbringen, dann würde ich natürlich von meinem Haus sprechen.

Sieh mal, Jesus war im Hause seines Pflegevaters, des Zimmermanns Joseph, aufgewachsen und wurde dann selbst Zimmermann. So war es, als er erwachsen war, nur natürlich, daß er bei Joseph und Maria, seiner Mutter, auszog und sich ein eigenes Haus baute. Und es liegt auf der

Hand, daß er ein Haus baute, das groß genug für seine Bedürfnisse und für Gäste war.

Daher glaube ich, gemäß Gottes Wort, daß Jesus nicht obdachlos war. Er war kein Landstreicher. Er hatte seine Wohnung – so wie es für alle Kinder Gottes sein sollte – und benutzte sie nicht nur für sich allein, sondern um anderen von Zeit zu Zeit Unterkunft zu gewähren, wie in Johannes 1,35-39, berichtet wird.

Ja, Jesus hatte ein Heim. Glaube nicht an die Lüge des Teufels, an die irrige Meinung vieler Christen, an die Tendenz in den Nachrichtenmedien oder an den Zweifel und den Zynismus anderer, die sie vertreten, daß Jesus nichts besaß und das Beispiel eines Menschen war, der kein eigenes Zuhause hatte, sei es ein Haus, eine Wohnung oder eine andere angemessene Unterkunft.

Ich bin ein Mann, der weiß, wie es ist, in einer Familie zu leben, der kein Haus gehört. Auch ich hatte in den ersten Jahren meines Dienstes kein eigenes Haus. Ich weiß, was es heißt, als junger Prediger mit Familie in den Häusern anderer zu leben, manchmal willkommen, manchmal nur widerstrebend geduldet. Ich weiß, wie es ist, wenn Evelyn, meine geliebte Frau, zu mir sagt – nachdem wir einige Wochen lang bei einer anderen Familie gelebt hatten, bis beide Familien beinahe den Verstand verloren: »Oral, ich bringe jetzt unsere Kinder zu meinen Eltern und lasse sie dort, bis du uns ein Zuhause geschaffen hast.«

Ich weiß noch, wie ich mich mit dem Armutsdenken derjenigen auseinandersetzen mußte, vor denen ich als junger Pastor predigte.

Ich weiß noch, wie ich in einer verzweifelten Situation buchstäblich all das Geld, das ich besaß – weniger als 100 Dollar –, hergab, um dabei zu helfen, die Anzahlung für ein sogenanntes Pfarrhaus aufzubringen, das dann aber nach Bezahlung aller Belastungen noch nicht einmal mir und meiner Familie gehören sollte. Ich erinnere mich, wie ich später ein Haus kaufte und Freunde suchen mußte, die für mich bürgen sollten, damit ich jeden Dollar leihen konnte, den der Umzug kostete.

Ich weiß noch, wie Vater und Mutter, beide auf die 70 zugehend, und nachdem sie 40 Jahre lang das Evangelium gepredigt und 12 neue Gemeinden gegründet hatten (die übrigens noch heute existieren), nicht einmal ein Auto besaßen und in winzigen Zwei- bis Dreizimmerhäuschen hausen mußten. Schließlich konnte ihnen mein ältester Bruder Elmer ein kleines Haus auf seinem eigenen Grundstück bauen, wobei er ziemliche finanzielle Opfer bringen mußte. Und das alles, nachdem Papa der Gemeinde die besten Jahre seines Lebens gegeben und die Gemeinde ihn ohne Rente und ohne Haus zurückgelassen und allem Anschein nach völlig vergessen hatte, daß es ihn überhaupt gibt.

Ich erinnere mich, als ich begann, dem Ruf Gottes zu folgen, um »wie Jesus zu sein und die Menschen zu heilen, wie er es tat«, und als die vielen Leute, zu denen ich predigte, anfingen, meine finanziellen Bedürfnisse zu erfüllen, trafen Evelyn und ich die Entscheidung, meinen Eltern ein ordentliches Haus zu bauen und ein anständiges Auto zu kaufen. Und solange sie lebten – sie wurden 89 bzw. 87 Jahre alt – und solange wir genügend Geld verdienten, gaben wir ihnen eine monatliche Unterstützung. Wir entschlossen uns auch, Evelyns Eltern zu helfen. Es ist für uns keine Frage, daß, weil wir unsere Eltern ehrten und vor allem dafür sorgten, daß sie nicht mehr in Armut leben mußten, Gott uns in allem inklusive Finanzen vermehrt segnete.

Während der ersten Jahre, in denen mein Vater seinen Dienst versah, hatte er kein Auto. Wenn er predigte, ging er meist zu Fuß von einer kleinen Stadt in die andere, um das Geld zu sparen und es für den Unterhalt seiner Familie zu verwenden. Eine meiner lebhaftesten Erinnerungen als kleiner Junge ist folgende: Ich sehe meinen Vater, halbtot vor Kälte in den Hof und auf die Veranda stolpern. Es war mitten im Winter, und um die paar Dollar, die er für zwei Wochen Predigen in einer vierzehn Meilen entfernten Stadt erhalten hatte, zu sparen, war er den ganzen weiten Weg nach Hause zu Fuß gegangen. Zweimal hatte er sich Löcher in die Schuhe gelaufen und hatte angehalten, um Pappe zu finden, die er anstelle von Sohlen in die Schuhe legte. Sein Mantel war dünn, und als Mama und wir Kinder ihn ins Haus zogen, war er dem Tode nahe.

»Aber Ellis«, rief Mama, »warum hast du auf dem Rückweg nicht den Bus genommen?«

»Es gab keinen Bus.«

»Warum hast du niemanden gebeten, dich nach Hause zu fahren?«

»Sie wußten, daß ich keine andere Wahl hatte als zu laufen, aber niemand hat sich angeboten.«

Mein Bruder Vaden und ich standen da mit geballten Fäusten und mit Tränen in den Augen. Wir haßten das alles. Unser Daddy war ein erstklassiger Farmer gewesen. Er hätte sein Land behalten und reich werden können an all dem Öl, das man dort gefunden hatte, nur ein Jahr, nachdem er die Farm verkauft hatte, um Prediger zu werden. In unserem kindlichen Gemüt ergriffen wir Mamas Partei, als sie sagte: »Ach, Ellis, wie können Christen sich selbst noch ertragen, wenn sie einen Gottesmann so behandeln?« Ihre Augen sprühten Feuer.

Ich weiß noch, daß Papa zu unterkühlt war, um zu antworten. Er neigte nur den Kopf, um zu zeigen, daß er die frohe Botschaft, die ein anderer ihm gebracht hatte, weitergeben mußte. Es dauerte Jahre, ehe ich in der Lage war, dem zuzustimmen.

Aber etwas, dem ich damals nicht zustimmte und es auch heute noch nicht kann, ist die Forderung, daß die Diener Gottes durch die gleichen Nöte gehen sollen wie mein Vater, nur weil man die Heilige Schrift falsch interpretiert, was die sogenannte Armut Jesu betrifft. So viele benutzen dies als Vorwand, um ihr Geld denen vorzuenthalten, die ihnen das Evangelium verkünden, oder um jene zu beneiden, die in den Genuß von nur ein wenig biblischem Wohlstand kommen.

Nachdem ich das Leben Jesu bis in die kleinsten Einzelheiten studiert habe, gelangte ich zu der Überzeugung, daß er sich mit den Heimatlosen identifizierte, mit denen, die in beengten und ungesunden Unterkünften lebten. Ärmliche Unterkünfte bringen oft Krankheiten hervor, und arme Menschen haben nicht die Mittel, um gute medizinische Versorgung in Anspruch zu nehmen. Zu oft geschieht es, daß jene, die für die Armen beten, und das tun nur wenige Christen, sich so gut wie gar nicht um die kümmern, die kein oder nur ein dürftiges Zuhause haben. Ist dies etwa die Art Christentum der frühen Gemeinden des ersten Jahrhunderts – als der große Apostel Paulus den Gemeinden predigte, sie sollten den Armen helfen, und als er sogar besondere Opfergaben »für die Bedürftigen unter den Heiligen, die in Jerusalem sind«, sammelte (Röm 15,26)?

Es ist wahr, daß es heute mehr und mehr Menschen gibt, die motiviert werden müßten, etwas gegen ihre mißliche Situation zu unternehmen. Alle Gelder der Regierung können dieses Problem im gegenwärtigen Wohlfahrtssystem nicht lösen. Aber nicht alle Sozialhilfeempfänger sind Menschen, die gar nicht arbeiten wollen oder auf bessere Angebote warten. Viele sind krank oder behindert. Andere befinden sich in einem Teufelskreis, der zum Teil durch die Auffassung innerhalb des Christentums gefördert wird, sein Begründer hätte selbst in absoluter Armut gelebt.

Gegen diese Denkweise können wir etwas unternehmen. Jesus hatte ein Haus, in dem er wohnte und sein Beispiel motiviert uns zu arbeiten, zu glauben und fest entschlossen auf eine Verbesserung unserer Lage hinzuwirken. Wir sehen auch, daß Gott nicht dadurch geehrt wird, daß einer heimatlos ist oder in bitterster Armut lebt. Denn schließlich gehört die Erde unserem Herrn, und »er kann uns aus seiner Fülle versorgen« (Ps 24,1).

Wie immer du die Aussagen der Bibel über die Armut Jesu oder sein Leben in Armut verstehst – diese Armut sollte nicht von der Art sein, die Gottes eingeborenen Sohn und uns, seine Geschöpfe, entmenschlicht.

Ja, Jesus hatte ein Haus, ein gutes Haus, nach den Verhältnissen der Zeit, in der er auf dieser Erde lebte, und das können wir auch. Stelle dich auf das Wort Gottes, das uns sagt, wo Jesus wohnte, und sage: »Ich werde arbeiten, ich werde meine Saat ausstreuen, ich werde glauben, und ich werde ein Wunder erwarten und mein Haus bekommen.«

Zweitens wissen wir, daß Jesus nicht arm war, weil er einen Kassenwart brauchte. Nach Johannes 13,29 war ein Jünger namens Judas Ischariot der Kassenwart Jesu.

Ein Kassenwart wird aber benötigt von denen, die mit großen Summen Geldes, über die abgerechnet werden muß, umzugehen haben, die Käufe tätigen und Rechnungen und Steuern bezahlen. Du fragst: »Hatte Jesus diese Art Geld?« Ja, sonst hätte er keinen Kassenwart gebraucht. Er hatte so viel, daß Judas von diesem Geld später etwas stehlen konnte (vgl. Joh 12,6). Tatsächlich steht in der Bibel über das Letzte Abendmahl geschrieben: »Und nach dem Bissen fuhr dann der Satan in ihn. Jesus spricht nun zu ihm: Was du tust, tu schnell! Keiner aber von den zu Tisch Liegenden verstand, wozu er ihm dies sagte: Denn einige meinten, weil Judas die Kasse hatte, daß Jesus zu ihm sagte: Kaufe, was wir für das Fest benötigen, oder daß er den Armen etwas geben solle« (Joh 13,27-29).

Was ich sage, soll sich weniger auf den Verräter Judas beziehen, sondern es soll vielmehr zeigen, daß die Bibel eindeutig erklärt, daß Jesus mit seinem Dienst, d. h. mit Predigen, Lehren und Heilen, Geld verdiente. An jenem Tag war es eine große Summe, die ausreichte, seine Bedürfnisse und die seiner Anhänger zu erfüllen und darüber hinaus den Armen zu geben. Bedenke, die Armen können den Armen nichts geben; dazu braucht es jemanden, der etwas zu geben hat – und das war bei Jesus der Fall.

Als mir anhand von 3. Johannes 2 klar wurde, Gott möchte, daß es mir im finanziellen Bereich meines Lebens genauso gut geht wie meiner Seele im geistlichen Bereich, war es eine Art geistlicher Durchbruch für mich. Ich sagte zu Evelyn: »Liebling, Gott ist ein guter Gott.« Gott hat mir diese Tatsache offenbart, und ich preise ihn dafür.

Ich sage dir klipp und klar, Geld zu erhalten und zu besitzen, ist in Übereinstimmung mit dem Worte Gottes. Solange wir ein aufrichtiges Christenleben führen, ist es sein Wille, daß es uns finanziell gut geht. Gott sagte zu Abraham, dem Vater aller, die glauben: »... darum werde ich dich reichlich segnen und deine Nachkommen überaus zahlreich machen« (vgl. 1. Mose 22,17; Hebr 7,14).

Hüte dich also davor zu denken, daß du für Gott leidest, wenn du knapp an Geld bist. Wie ich bereits angedeutet habe, es ist selten – wenn überhaupt – ein Zeichen dafür, daß du Gott verherrlichst, wenn du das für das Leben Notwendige nicht bezahlen kannst. David sagte: »Ich war jung und bin auch alt geworden, doch nie sah ich einen Gerechten verlassen, noch seine Nachkommen um Brot betteln« (Ps 37,25). Und Jesus stammte von David ab.

Jesus hatte ein Haus.

Jesus hatte eine Kasse.

Drittens hatte Jesus ein Mitarbeiterteam, und zwar ein sehr großes Team. »Und es geschah danach, daß er nacheinander Städte und Dörfer durchzog, indem er predigte und das Evangelium vom Reich Gottes verkündigte; und die Zwölf mit ihm« (Lk 8,1). Daraus geht hervor, daß in jeder Stadt und in jedem Dorf, in dem Jesus predigte, lehrte und heilte, »die Zwölf mit ihm« waren. Das heißt, Jesus und seine zwölf Apostel, *plus deren Helfer*.

Ich weiß, was es heißt, ein so großes Evangelisationsteam zu haben, so viele Helfer, die einen dabei unterstützen, diese Arbeit, mit allem, was dazu gehört wie Predigen, Lehren und Heilen durchzuführen. So wie meine Mitarbeiter in die jeweiligen Städte reisen, um Vorbereitungen zu treffen, mußte auch das Mitarbeiterteam Jesu an den Orten die notwendigen Vorbereitungen treffen, wo er predigen wollte. Sie mußten Vorkehrungen hinsichtlich Unterkunft und Mahlzeiten treffen und die Vorschriften der jeweiligen Stadtverwaltung erfüllen, um Massenversammlungen halten zu können. Jesus mußte genug Geld beschaffen, um diesen enormen finanziellen Anforderungen für sich und sein Team gerecht zu werden und außerdem noch, um die Armen unterstützen zu können (vgl. Joh 13,29; Apg 20,35).

Die Finanzen, die für deinen Unterhalt und den deiner Familie und für den Aufbau deiner Karriere erforderlich sind, sind auch heute für Gott wichtig. Wir haben das allergrößte Vorbild: Jesus selbst. Daher bitte ich dich mit aller Dringlichkeit, an Gottes Wort zu glauben, sich Jesus als Vorbild zu nehmen und deinen Glauben in diesem Punkt freizusetzen. So wie er für das Geld, das er brauchte und sinnvoll verwendete, arbeitete und glaubte, so kannst auch du für dein Geld und dessen sinnvolle Verwendung arbeiten und glauben!

Doch damit das geschehen kann und immer wieder geschieht, brauchst du ein klares Verständnis dessen, was die Bibel mit Wohlstand und Segen meint. Du mußt dich weigern, auf Kritiker zu hören. Du mußt im Glauben stark werden und keine zweifelnden Überlegungen anstellen. Denke an Haggai 2,8: »Mein ist das Silber und mein das Gold, spricht der Herr der Heerscharen.«

Wenn das Silber und das Gold, auf dem unser Geldsystem basiert, Gott gehört, und wenn du Gott gehörst, warum sollte er nicht wollen, daß du deinen gerechten Anteil daran erhältst? Warum sollte es der Herr allen wahren Reichtums nicht wollen, daß deine Einkünfte ausreichend sind? Gott sagt von seinem Sohn: »Jesus Christus ist derselbe gestern und heute und in Ewigkeit« (Hebr 13,8). Wenn du glaubst, daß Jesus Christus heute derselbe ist, der er gestern war, so wie ich es glaube, glaubst du dann nicht, daß Haggai 2,8 auch auf ihn zutraf, als er auf dieser Erde war? Da alles Silber und alles Gold der ganzen Welt Gott gehört und da du sein Kind bist, würdest du seine finanzielle Versorgung für dich nicht annehmen und dich nicht entschließen, sie aufrichtig und ehrlich anzunehmen?

Die meisten Christen, die ich kenne, sehen nicht ein, daß es einen beträchtlichen Unterschied gibt zwischen dem, über das was Gott regiert, und dem, worüber Satan herrscht. Die Bibel erklärt beispielsweise eindeutig: »Satan ist der Gott dieser Welt« (vgl. 2. Kor 4,4). Gemeint ist das gegenwärtige Weltsystem, in dem der Mensch die Dinge ohne Gott zu lenken scheint. Die Bibel erklärt ebenfalls: »Des Herrn ist die Erde und ihre Fülle« (Ps 24,1).

Die unbestreitbare Tatsache ist, daß Satan als Gott dieser Welt nicht ein Stückchen Boden, nicht einen Tropfen Wasser, nicht ein Gramm Gold oder Silber und keinerlei wahren Reichtum auf Gottes Erde besitzt. Ihm gehört nichts. Null. Der *wahre* Reichtum, und der einzige wahre Reichtum ist die Erde, gehört Gott!

Ich glaube, jeder sollte die Geschichte vom Vater und dem verlorenen Sohn, so wie sie in Lukas 15,11-32 geschrieben steht, mindestens einmal im Jahr lesen. Ich finde, dies ist die wichtigste Geschichte, die unser Herr uns je erzählte, weil sie die wahre Natur unseres himmlischen Vaters in einer Weise widerspiegelt, die wir am besten verstehen und deshalb auf uns beziehen können.

Da ist zunächst einmal der rastlose Sohn, den es danach drängt, seinen guten Vater zu verlassen, der das nimmt, was er für sein Erbteil hält und weit, weit weggeht; schließlich bringt er sein Erbteil durch, »er vergeudet es«, bis er alles verschwendet hat, sogar sein Leben. In dieser Geschichte weist Jesus ausdrücklich darauf hin, daß es einen Augenblick gab, in dem der junge Mann »in sich ging«.

Es ist ein Gleichnis, das zeigt, wie wir unseren Willen benutzen, um uns von einem guten Gott abzuwenden, wie wir mit unseren angeborenen

Fähigkeiten und einem zügellosen Gebrauch von Gottes irdischen Reichtümern unseren eigenen Weg gehen wollen. In einem ganz realen Sinn zeigt diese Geschichte die Sünde als eine Form von Wahnsinn. Wie der verlorene Sohn gehen einige von uns schließlich in sich, und wie er bereuen wir und kehren in der Hoffnung auf Genesung zum Vater zurück.

Dann ist da noch der Vater, dessen Liebe zu seinem Sohn so groß war, daß er die Entscheidung seines Sohnes, sein Erbteil zu nehmen und zu gehen, respektierte, obwohl er wußte, welch traurige Folgen sich daraus ergeben würden. Aber noch erstaunlicher ist die Tatsache, daß der Vater die Rückkehr seines Sohnes voller Freude guthieß. Überglücklich hieß er ihn zu Hause willkommen, setzte ihn wieder in seine alten Rechte ein und gab ein herrliches Fest ihm zu Ehren mit seinen Freunden.

Schließlich war da noch der »ältere Bruder«, der die wahre Widerspiegelung dieser unheiligen Doktrin ist, der Doktrin, die uns lehrt, daß Gott kein guter Gott ist und daß die Armut seinen Kindern verordnet ist. Weil der ältere Bruder um nichts gebeten und auch nichts bekommen hatte und deshalb nichts besaß, sollen auch wir nichts haben.

Der ältere Bruder beklagt sich laut, er sei ja nicht von Zuhause weggelaufen, ja, er habe seinen Vater nicht einmal um etwas gebeten, und trotzdem werde sein Bruder mit offenen Armen aufgenommen, nachdem er über sich selbst und seinen Vater durch sein verschwenderisches Abenteuer Schande gebracht habe. Genau an dieser Stelle läßt Jesus den Vater sagen: »Es geziemte sich aber, fröhlich zu sein und sich zu freuen; denn dieser dein Bruder war tot und ist wieder lebendig geworden und verloren und ist gefunden worden« (vgl. v.32).

Was für ein Bild malt Jesus hier von der Liebe des Vaters!

Dann führt Jesus das schlagkräftigste Argument von allen an, indem er den Vater zum neidischen älteren Bruder sagen läßt: »Kind, du bist allezeit bei mir, und alles, was mein ist, ist dein« (v.31). Jesus wollte uns damit nachdrücklich darauf hinweisen, daß Gott zu uns allen sagt: *»Alles, was mein ist, gehört auch euch!«*

Ich war dieser verlorene Sohn. Auch ich bin diesem Vater begegnet. Dieselbe Menschenmenge, für die der ältere Bruder steht, hat mich genauso behandelt wie er seinen reuevollen jüngeren Bruder. Ich für meinen Teil akzeptiere Jesu Geschichte vom verlorenen Sohn und davon, wie der Vater ihn wieder aufnahm. Ich liebe diesen Mann aus Galiläa. Ich glaube, – und ich hoffe, du tust es auch – an den Satz unseres himmlischen Vaters: »Alles, was mein ist, gehört auch euch.« Wir müssen darum bitten, daran glauben und es annehmen!

Jesus hatte ein Haus.
Jesus hatte eine Kasse.
Jesus hatte ein Mitarbeiterteam.

Viertens hatte Jesus Menschen, die ihm mit ihrem Geld dienten und auf die er sich finanziell stützen konnte. In Lukas 8,2+3 lesen wir: »Und einige Frauen, die von bösen Geistern und Krankheiten geheilt worden waren: Maria, genannt Magdalena, von der sieben Dämonen ausgefahren waren, und Johanna, die Frau des Chusa, des Verwalters Herodes', und Susanna und viele andere, die ihnen mit ihrer Habe dienten.«

Beachte, daß diejenigen, die Jesus an Geist, Seele und Leib von den Mächten Satans erlöste, später seine Finanzpartner wurden. Sie wurden seine Mitarbeiter, und das nicht nur dankbaren Herzens, sondern auch in dem klaren Bewußtsein, daß sie Jesus mit ihrer Habe, das heißt mit ihrem Geld, dienen sollten. Außer der rein geistlichen Veränderung, die dies mit sich brachte, änderten sie auch ihre finanziellen Prioritäten. Dies ist einer der Hauptgründe dafür, daß Jesus nicht arm war. Diejenigen, die er erlöste und die begannen, ihm mit ihrem Geld zu dienen, schafften ihm dadurch so viel Freiraum, daß er seine ganze Zeit dem Predigen, Lehren und Heilen, also seinem dreifältigen Dienst auf Erden, widmen konnte (Mt 4,23).

Es ist offensichtlich, daß diese Menschen erst dann anfingen, Jesus mit ihrem Geld zu dienen, als sie von Dämonen, von der Sünde, von Krankheiten und anderen bösen Dingen errettet und befreit waren. Unter Satans Einfluß hatten sie ihr Geld in egoistischer Weise verbraucht. Später jedoch, nachdem Jesus ihr persönlicher Erretter und Erlöser geworden war, lehrte er sie, was sie mit ihrer Habe zu tun hätten. Sie fingen an, Jesus mit ihrem Geld zu dienen. Sie machten ihre Finanzen *zu einem geistlichen Dienst*.

Bevor sie Mitglieder der Partnerfamilie Jesu, d. h. seiner Geldgeber, wurden, kannten sie keine Finanzen als geistlichen Dienst. Es war ihnen niemals zuvor in den Sinn gekommen, an ihre Habe als Finanzen im geistlichen Dienst sowohl für Jesus als auch für ihr eigenes Leben zu denken.

Einige, wie Maria Magdalena, aus der Jesus sieben Dämonen ausgetrieben hatte, waren Juden und wußten etwas vom Zehnten. Sie wußten, daß der zehnte Teil Gott gehörte – und daß er ihm heilig war (vgl. 3. Mose 27,30).

Andererseits war die Frau des Chusa, des Verwalters des Herodes, des von Rom eingesetzten Königs der Juden, wahrscheinlich eine Heidin von vornehmer Herkunft und wußte deshalb nichts vom Zehnten und wie man Gott mit Geld dienen kann, bis sie dem begegnete, der sie heilte.

Und die Bibel sagt an dieser Stelle: »Viele andere dienten ihm mit ihrer Habe.« Einige waren Juden, die wohl wußten, daß der Zehnte dem Herrn gehöre, die sich jedoch nicht daran hielten, und andere waren Heiden, die es nicht wußten und denen es auch völlig egal war, bis Jesus sie errettete und heilte und sie lehrte, ihr Geld für Gott einzusetzen.

Jesus änderte ihre Einstellung zu ihm, und er änderte ebenfalls ihre Einstellung zu ihrem Geld. Bis dahin hatten die bösen Geister, die ihr Denken beherrschten, den Gebrauch ihres Geldes fehlgeleitet. Unter Satans Einfluß glaubten sie, ihr Geld gehöre ihnen, sie könnten damit machen, was ihnen beliebte und sie wären Herr ihres Geldes – und sie könnten Gott und das Werk des Evangeliums ignorieren.

Aber merke dir folgendes: Eine der größten Entdeckungen ihres Lebens war die Tatsache, daß ihr Geben Gottes Kraft in ihrem Leben freisetzte.

In all dem liegt ein doppelter Segen. Erstens konnte Jesus all seine Rechnungen bezahlen, ohne zum Opfer widriger finanzieller Umstände zu werden und ohne Finanzskandale zurückzulassen, die das Werk des Evangeliums in Mißkredit gebracht hätten. Zweitens entdeckten diese Gläubigen, daß Gottes Kraft in ihrem Leben freigesetzt würde, wenn sie Jesus mit ihrem Geld dienten. Und es wird auch heute für dich und für mich dasselbe bewirken, wenn auch wir Jesus mit unserem Geld dienen. Wir werden erstaunt und begeistert sein, wenn wir sehen, wie Gott unsere Bedürfnisse durch Freisetzen seiner uns versorgenden Kraft erfüllt, besonders wenn wir damit rechnen, von Gott zu empfangen.

Dies wirft die Frage auf, ob wir in unserem Dienst des Evangeliums Geldspenden von Personen wie Maria Magdalena annehmen sollten. Sie ist nicht nur als eine Frau bekannt, die dämonisiert war, sondern auch als ehemalige Prostituierte. War ein Teil ihres unreinen Verdienstes das Geld, mit dem sie »Jesus diente«?

Sollen wir in der Gemeinde den Stammbaum all jener untersuchen, die den Zehnten und Opfer geben? Sollen wir überprüfen, ob alles Geld, das uns gegeben wird, von tugendhaften Menschen stammt? Oder ist es recht, daß auch solches Geld gespendet wird, damit es für die Verbreitung des Evangeliums benutzt wird?

Als im März 1987 der Besitzer einer Hunderennbahn eine große Geldspende brachte, um mir mit der Medizinischen Fakultät der Oral-Roberts-Universität zu helfen, war die Kritik einiger Gemeindeleiter, einschließlich einiger meiner Partner, sowie der Nachrichtenmedien laut und feindselig. Doch als dieser Mann gefragt wurde, ob Gott ihm befohlen hatte, das Geld zu geben, antwortete er: »Eines weiß ich sicher, der Teufel hat es mir nicht gesagt!« Wir hatten das Vorrecht, ihn in einem Sündergebet zu leiten und zu sehen, wie das Licht des Herrn auf seinem Gesicht aufleuchtete. Ich erfuhr später, daß das Spenden dieses Geldes sein Verhältnis zu Gott tiefgreifend beeinflußt hatte.

Bitte beachte, daß jene, die Jesus befreit hatte und die Jesus mit ihrem Geld dienten, selber nicht glaubten, sie gäben nur Geld. Sie machten einen Dienst daraus – und sie waren keine Prediger und auch nicht unbedingt Vollzeitbeschäftigte im christlichen Dienst. Sie waren nur Christen, Laien im Leib Christi, wie wir sagen würden. *Sie machten ihre Spende zu einem Dienst für Jesus selbst.* Das ist für mich eine wirklich bewegende Sache. Ich fühle einen Kloß im Hals, Tränen in den Augen und den tiefen Herzenswunsch, mich selbst zu überprüfen, ob all mein Geldspenden nur ein Spenden ist oder ob es ein geistlicher Dienst für Jesus ist, für meinen persönlichen Erlöser, den Einen, der meinen Körper von der Tuberkulose und dem Stottern heilte.

Nimm einmal an, Jesus stände heute direkt vor dir. Stell dir vor, du kannst aus erster Hand erfahren, daß er Geld zum Predigen, Lehren und Heilen benötigt. Und du weißt, daß er dich braucht, damit du ihm mit deinem Geld dienst. Was würdest du sagen? Bestimmt doch: »Jesus, es ist die größte Ehre in meinem Leben, Dir mit meinem Geld, meinem Zehnten und meinen Opfern dienen zu können!« Nun, Jesus *steht* vor dir, in Gestalt derer, die er zum Werk des Evangeliums berufen hat. Er und sein Werk haben heute finanzielle Bedürfnisse. Sieh dein Geld als Dienst für ihn und sein Werk bzw. für die, die sein Werk weiterführen, »während der Herr mitwirkt und das Wort durch die darauf folgenden Zeichen bestätigt« (Mk 16,20).

Die Bibel versichert dir, daß Gott für dich sorgen wird, wenn du deine Finanzen zu einem geistlichen Dienst für ihn machst (vgl. Lk 8,3; 6,38; 2. Kor 9,10; Gal 6,7; Mal 3,10.11). Wenn du deine Gaben zu einem geistlichen Dienst machst, wirst du in eine enge Beziehung zu Jesus treten, ganz so wie Maria Magdalena, Chusas Frau Johanna, Susanna und alle jene, die aus ihren

Finanzen einen geistlichen Dienst für Jesus gemacht haben. Sie wußten, daß ihr Geben ein geistlicher Dienst für ihn war, damit er der Welt das Evangelium bringen konnte. Und er wußte, daß er und seine Mitarbeiter durch ihr Geben in die Lage versetzt würden zu predigen, zu lehren und zu heilen.

Wäre ich nicht aufrichtig beim Geben all meiner Zehnten und Opfer gewesen und hätte ich sie all diese Jahre nicht als Saat meines Glaubens betrachtet, dann – und davon bin ich überzeugt hätte ich nicht all die guten Dinge schaffen können, die Gott durch mich getan hat, während ich in seinem Namen predigte, lehrte und heilte. Und ich weiß, ich muß in Zukunft genauso aufrichtig sein, wenn ich meinen Zehnten und all meine Opfer gebe, gesät als Saat meines Glaubens; als geistlicher Dienst durch meine Einkünfte; ebenso als ein Bund mit Jesus durch mein Geben, so wie jene in den Tagen, in denen er auf der Erde lebte, einen Bund mit ihm schlossen, indem sie ihm mit ihrer Habe dienten. Dies ist eine Entscheidung, die jeder von uns für sich selbst treffen muß, denn nur »wenn wir den festen Willen haben«, wird es geschehen.

Mein Freund Norvel Hayes, ein erfolgreicher Geschäftsmann und ein Mann Gottes, sagte zu mir: »Oral, an dem Tag, als ich mich entschloß, Gott mein Leben zu geben, entschloß ich mich auch, ihm mein Geld zu geben. Seit dem Tag gehören mein Leben und mein Geld Gott; und ich habe von ihm nur das Beste erhalten.« Er fügte hinzu: »Aber wenn ich mich nicht entschieden hätte, es ganz aus eigenem Willen zu tun, wäre es niemals geschehen.« Hast du dich entschlossen, dein Leben und deine Habe Gott zu geben? Wenn du fest entschlossen bist, daß es geschieht... dann wird es geschehen, und es wird dein Leben so sinnvoll wie nie zuvor machen.

Jesus hatte ein Haus.

Jesus hatte eine Kasse.

Jesus hatte ein Mitarbeiterteam.

Jesus konnte sich auf etliche Geldgeber stützen: eine Partnerfamilie von Gläubigen, die ihm mit ihrem Geld dienten.

Fünftens trug Jesus gute Kleidung. Heute sprechen wir von »Haute-Couture- oder Designer-Modellen«, d. h. von Einzelstücken, die sich von der üblichen Kleidung unterscheiden. Aber die Kleidung Jesu war sogar noch besser als das. In der Bibel heißt es: »Die Soldaten nun nahmen, als sie Jesus gekreuzigt hatten, seine Kleider – und machten vier Teile, einem jeden Soldaten einen Teil – und das Unterkleid. Das Unterkleid aber war ohne Naht, von oben an durchgewebt. Da sprachen sie zueinander: Laßt es uns nicht zerreißen, sondern darum losen, wessen es sein soll; damit die Schrift erfüllt würde, die spricht: ›Sie haben meine Kleider unter sich verteilt, und über mein Gewand haben sie das Los geworfen.‹ Die Soldaten nun haben dies getan« (Joh 19,23.24).

Ein Beweis für die Qualität des Gewandes Jesu wurde also nach seiner Kreuzigung erbracht. Normalerweise erhielten die mit der Kreuzigung beauftragten Römer als Lohn die Kleider ihrer Opfer, die sie gerecht unter sich aufteilten. Aber als sie sahen, von welcher Art Jesu Gewand war, und als sie bemerkten, daß dieses Gewand völlig nahtlos gewebt war, beschlossen sie, es nicht zu zerschneiden, sondern darum zu würfeln, um zu sehen, wem das wertvolle Kleidungsstück zufallen würde, das so viel kostete, wie sie an Lohn alle zusammen erhalten sollten (Joh 19,24).

Es war sicher nicht üblich, daß Leute zur Zeit Jesu Gewänder trugen, die in einem Stück gewebt waren. Meine ganze Kleidung hat Nähte, deine wahrscheinlich auch.

Ich habe alle möglichen Arten von Kleidung getragen; als Kind trug ich die abgelegten Sachen anderer Leute auf. Als ich später auf den Straßen meiner Heimatstadt Zeitungen verkaufte, konnte ich mir auch nicht viel bessere Kleidung leisten, das konnte ich erst später, als ich Evelyn heiratete, und schließlich, als wir mit unseren Fernsehsendungen angefangen hatten, bestand mein Produzent darauf, daß ich sehr modische Kleidung trug. Aber nichts davon war so richtig mein Fall. Was Kleidung anbelangt, habe ich keine weiteren Ambitionen, als nur so adrett und ordentlich wie möglich auszusehen.

Laß uns das nahtlose Gewand, das Jesus beim Predigen, Lehren und Heilen trug, näher betrachten. Es war äußerst schwierig, solch ein Kleidungsstück zu weben, und daher war es sehr teuer und verständlicherweise auch ein Einzelstück.

An keiner Stelle in der Bibel findet sich ein Hinweis darauf, daß Jesus sich durch Kritik an diesem kostspieligen Gewand eingeschüchtert gefühlt hätte. Auch war er wegen dieses Gewandes niemals gehemmt und unsicher. Es spielte im Leben und im Dienst Jesu eine wichtige Rolle. Fragen Sie die Frau mit dem Blutfluß, die Jesus mit ihrem eigenen Glauben berührte, als sie sein Gewand mit der Hand berührte, und die daraufhin in ihrem Körper spürte, daß sie von der Krankheit geheilt war (Mk 5,29). Frage unzählige andere Kranke, die dieselbe Erfahrung machten (Mt 14,35.36).

Ich habe das nahtlose Gewand Jesu immer für mehr als nur für gute Kleidung gehalten. Da es *ohne Nähte* ist, sehe ich es als Symbol für seinen Wunsch, uns an Geist, Seele, Leib, Finanzen – kurz in jedem Bereich unseres Lebens – heil zu machen, um uns zu ermöglichen, ein geheiltes Leben zu führen – *ein Leben ohne Nähte (ohne Bruchstellen).*

Die Nachrichtenmedien und andere Kritiker machen uns, die wir im Fernsehen das Evangelium predigen, oft Vorwürfe und kritisieren uns gelegentlich wegen der Kleidung, die wir tragen. Ich weigere mich jedoch, mich von ihnen intimidieren zu lassen. Gute Kleidung zu tragen, ist für mich kein Kriterium für den Grad des christlichen Glaubens. An der Kleidung Jesu zeigt sich jedoch deutlich, daß er nicht in dem Maße arm war, wie Kirche und Welt es bislang gedacht haben.

Ich glaube nicht, daß das Gewand Jesu besonders auffällig war. Es war geschmackvoll und entsprach den Anforderungen Jesu. Jesus dokumentierte damit, daß es absolut in Ordnung ist, angemessene Kleidung zu tragen. Die Einstellung seines Herzens war von viel größerer Bedeutung als die Einzigartigkeit seines nahtlosen Gewandes. Aber als der Menschensohn auf dieser Erde trug Jesus ein einzigartiges Gewand.

Und ich möchte dich fragen: wenn die Armut wirklich so wünschenswert ist, warum unternimmt man überhaupt etwas dagegen? Warum hat sie nicht die Macht, die Hungernden vor dem Hungertod zu bewahren? Und wenn unzureichende Kleidung so herrlich ist, warum läßt man die Armen nicht einfach weiter in ihren Lumpen herumlaufen? Warum schafft sie es nicht zu verhindern, daß Millionen von Menschen erfrieren? Und wenn es wirklich wahr ist, daß Armut die Menschen näher zu Gott bringt, wären die vielen Millionen von Menschen, die weit unter dem Existenzminimum leben, nicht schon längst im Reich Gottes, auch ohne Jesus? Aber nein, es ist das vergossene Blut Jesu und seine Auferstehung und der Glaube daran, wodurch die Menschen errettet werden und zum Herrn kommen (Röm 10,9.10).

Jesus war nicht arm, aber er liebte die Armen, so wie er alle Menschen liebte. Er kam, um den Armen die frohe Botschaft zu verkünden (Lk

4,18). Die Armen hörten Jesus freudig zu, ob er nun ein nahtloses Gewand trug oder nicht (Mk 12,37). Nie wies er jemanden ab, nur weil der Betreffende arm war. Es war etwas im Verhalten Jesu, das die Armen dazu brachte, sich in seiner Nähe wohlzufühlen. Sie glaubten nicht, daß Jesus arm war, wie so viele heute behaupten. Hätte er in Armut gelebt, dann hätte seine eigene Armut die Armen wahrscheinlich abgestoßen. Aber Jesus war nicht arm.

Er hatte ein Haus.
Er hatte eine Kasse.
Er hatte ein Mitarbeiterteam.
Er hatte Geldgeber.
Er trug teure Kleidung.

Und er machte auf die Armen *und* auf die Reichen einen gewaltigen Eindruck.

Darüber hinaus hatte Jesus die Zusicherung eines reichen Mannes, daß ihm eine würdige Grabstätte zur Verfügung gestellt wird. In Jesaja 53,9 sagte der Prophet voraus: »Und man gab ihm bei Reichen sein Grab«. Achthundert Jahre, nachdem der Prophet Jesaja diese Prophetie ausgesprochen hatte, sorgte Joseph, ein wohlhabender Jünger Jesu, dafür, daß Jesus nicht auf die gleiche unmenschlische Weise begraben wird, wie er hingerichtet wurde: »Als es aber Abend geworden war, kam ein reicher Mann von Arimathia, mit Namen Joseph, der auch selbst ein Jünger Jesu war. Dieser ging hin zu Pilatus und bat um den Leib Jesu. Da befahl Pilatus, den Leib zu übergeben. Und Joseph nahm den Leib und wickelte ihn in ein reines Leinentuch und legte ihn in seine neue Gruft, die er in den Felsen gehauen hatte; und er wälzte einen großen Stein an die Tür der Gruft und ging weg« (Mt 27,57-60).

Oh ja, wie sehr hätten sie gewünscht, Jesus nach dem schändlichsten Tod, den je ein böser Menschengeist ersonnen hatte, in irgendeinen verlassenen Graben oder Minenschacht zu werfen, damit er an diesem abgelegenen Ort auf immer von der Welt vergessen sei. Doch Gott entschied: »Genug ist genug«. Er gab einem jungen Gläubigen, einem der geachtetsten und wohlhabendsten Männer in Israel, den Wunsch ein, Jesus dadurch Ehre zu erweisen, daß er ihn in seinem eigenen Grab bestattete. Er hatte dieses Grab für sich selbst aus einem Felsen hauen lassen, was ein sehr kostspieliges Verfahren war, und indem er es Jesus zur Verfügung stellte, machte er ihm noch in seinem Tode ein kostbares Geschenk, das Zartgefühl und Zuneigung offenbarte.

Bedenke, was beim Grab Josephs, das er Jesus als Grabstätte gab, geschah:
– das Erscheinen von Engeln,
– der weggerollte Stein,
– das leere Grab,
– die Jünger, die sahen, daß Jesus nicht mehr dort war, doch ewig lebte als unser vom Tode auferstandener Erlöser.

Jesus war nicht arm. Er hatte ein Haus. Er hatte eine Kasse. Er hatte ein Mitarbeiterteam. Er hatte eine Partnerfamilie. Er hatte schöne Klei-

dung, und ein reicher Mann hatte ihm ein Grab zur Vergügung gestellt.

Ich habe dir die ersten sechs Argumente genannt, die beweisen, daß Jesus nicht arm war, als er auf dieser Erde lebte, das siebte greift unmittelbar in unsere Gegenwart ein: Es ist nicht »nach der Armut Jesu«, daß Gott all unsere Bedürfnisse erfüllen will, sondern »nach seinem Reichtum« in Herrlichkeit in Christus Jesus (Phil 4,19). Kein anderer Begründer einer Religion kann diese Aussage machen. Andere, wie Konfuzius, Buddha oder Mohammed haben eine Philosophie und religiöse Dogmen hinterlassen. Unser Erlöser hinterließ uns Erlösung, einen Dienst zur Heilung unserer ganzen Person, Versorgung für all unsere Bedürfnisse auf dieser Erde, einen Platz im Himmel und einen Lebensstil, während wir uns auf dem Weg in den Himmel befinden. Ungleich all den anderen ist er unser Weg, unsere Wahrheit und unser Leben. Er häuft unermeßliche Reichtümer an für unsere irdischen Bedürfnisse, ob groß oder klein, und erklärt, daß er für uns sorgen will, »über die Maßen mehr, als wir erbitten oder erdenken« (Eph 3,20). Was für ein Erlöser!

Die Bibel sagt, daß Menschen aus Mangel an Erkenntnis zu Grunde gehen (Hos 4,6). Das Wort Gottes zeigt uns, daß Jesus nicht arm war, und es gibt keine Entschuldigung dafür, daß wir es nicht wissen. Du hast Bedürfnisse, die nach Erfüllung schreien; es gibt Träume in deinem Leben, die verwirklicht werden wollen; Ideen, Vorstellungen, die dir so nahe sind, daß du sie mit den Fingerspitzen berühren könntest. Jesus möchte für dich mit seinen unermeßlichen Reichtümern sorgen! Wisse in deinem »Wisser«, daß Jesus nicht arm war, als er auf dieser Erde lebte, oder höchstens relativ arm, gemessen an den unermeßlichen Reichtümern, die er im Himmel hatte, bevor er auf die Erde kam. Heute ist sein größter Wunsch, daß es dir in allem wohlgeht und du gesund bist, wie es auch deiner Seele wohlgeht. Laß diese Wahrheit tief in deinen Geist einsinken. *Setze jetzt deinen Glauben in die Tat um!*

Kapitel 2
Einige falsch ausgelegte Bibelstellen

Auch ich habe mich mit diesem Problem herumgeschlagen. Es schien mir einige schwerverständliche Bibelstellen zu geben, die von dem sogenannten Auftrag Jesu, in Armut zu leben, redeten. Diese Stellen erweckten den Anschein, Gott wolle, daß Christen grundsätzlich in Armut leben. Ich entschloß mich, diese völlig mißverstandenen und falsch interpretierten Bibelstellen – die sogenannten »schwierigen Stellen« – direkt anzugehen.

In diesem Kapitel möchte ich, daß du mit mir vier dieser Stellen genau betrachtest, Stellen, die oft falsch verstanden und dazu benutzt werden, Christen zu überzeugen, daß Jesus arm war, und daß auch sie in Armut leben sollen.

1. Wenn Jesus nicht arm war, warum hatte er dann keinen Platz, um sein Haupt zu betten?

Das ist eine berechtigte Frage. Diese Stelle stammt aus Lukas 9,51-58: »Es geschah aber, als sich die Tage seiner Aufnahme erfüllten, da richtete er sein Angesicht fest darauf, nach Jerusalem zu gehen. Und er sandte Boten vor seinem Angesicht her; und sie gingen hin und kamen in ein Dorf der Samariter, um für ihn Unterkunft zu bereiten. Und sie nahmen ihn nicht auf, weil sein Angesicht nach Jerusalem hin gerichtet war. Als aber seine Jünger Jakobus und Johannes das sahen, sprachen sie: Herr, willst du, daß wir sagen, daß Feuer vom Himmel herabfallen und sie verzehren soll, wie auch Elia tat? Er wandte sich aber um und schalt sie: Wißt ihr nicht, welches Geistes Kinder ihr seid? Der Menschensohn ist nicht gekommen, das Leben der Menschen zu vernichten, sondern zu erhalten. Und sie gingen nach einem anderen Dorf. Es geschah aber, als sie auf dem Weg dahinzogen, sprach einer zu ihm: Ich will dir nachfolgen, wohin du auch gehst, Herr. Und Jesus sprach zu ihm: Die Füchse haben Höhlen und die Vögel des Himmels Nester; aber der Sohn des Menschen hat nicht, wo er sein Haupt hinlege.«

Ich gebe zu, daß diese Bibelstelle mich jahrelang zweifeln ließ, ob nicht Jesus doch arm war. Viele Leute, auch Theologen, haben diese Stelle benutzt, um zu beweisen, daß Jesus während seines ganzen Dienstes in totaler Armut lebte, daß er buchstäblich obdachlos war – ein Landstreicher. Lies diese Stelle noch einmal, und du wirst die Wahrheit entdecken, nämlich die Tatsache, daß er sich zu der Zeit, als sich dieses Ereignis zutrug, auf einer ganz besonderen Mission befand und daß er »sein Gesicht nach Jerusalem gewandt hatte«, um den Herrschern entgegenzutreten, die ihm nach dem Leben trachteten. Er hatte den »Jerusalem-Blick«.

Er wollte in einer Stadt in Samaria, die auf seinem Weg lag, evangelisieren. Er wußte, daß die Bewohner von Samaria Jerusalem haßten und einen Ersatz für den jüdischen Glauben gefunden hatten, aber er liebte sie dennoch und sandte ein Vorbereitungsteam voraus, um einen Platz zu finden, wo er Predigen, Lehren und Heilen konnte. Sie sollten sich auch um Unterkünfte für ihn und seine ganze Mannschaft kümmern.

Als er in der samaritischen Stadt ankam, war er immer noch stark mit den Gedanken an Jerusalem beschäftigt. Die Samariter bemerkten dies, sagten die Versammlungen ab und zeigten offene Feindseligkeit. »Er interessiert sich nicht für uns«, sagten sie. »Er ist nur auf der Durchreise.«

Viele Jahre zuvor, als Salomos Sohn Rehabeam für zwölf Stämme Israels die Steuern erhöhte, schlossen sich die zehn nördlichen Stämme unter Jerobeam in Rebellion gegen König Rehabeam zusammen und begründeten in Samaria einen neuen religiösen Kult und eine neue Regierung. Anstelle des Gottes Abrahams, Isaaks und Jakobs beteten sie nun Götzen an (vgl. 1. Kön 12).

Jene Samariter, die Jesus bei dieser Gelegenheit ablehnten, waren die Nachkommen derer, die Jerobeam gefolgt waren. In dem Augenblick, als sie erkannten, daß es das Hauptziel Jesu war, nach Jerusalem zu gehen, wo der wahre Gott angebetet wurde, rümpften sie die Nase und verweigerten ihm Unterkunft und die Möglichkeit zu predigen. Sie sagten: »Verlasse die Stadt«. Es hatte nichts mit der angeblichen Armut Jesu zu tun.

Als das Mitarbeiterteam Jesu deren Feindseligkeit sah und erkannte, daß alle Vorkehrungen, die sie für ihre eigene und für Jesu Unterkunft getroffen hatten, umsonst gewesen waren, reagierten sie heftig. Tatsächlich waren sie äußerst verärgert. »Herr«, sagten sie in ihrer Wut, »sollen wir sagen, daß Feuer vom Himmel fallen und diese Stadt zerstören soll?«

Jesus sah, daß sich die Situation zuspitzte, und wollte bei dieser Gelegenheit eines der größten Beispiele heilender Wahrheiten aller Zeiten geben. Er sagte: »Wißt ihr nicht, welches Geistes Kinder ihr seid? Der Menschensohn ist nicht gekommen, das Leben der Menschen zu vernichten, sondern zu erhalten« (Lk 9,55.56).

Ich weiß noch, daß diese Worte Jesu, als ich meinen Heilungsdienst begann, in meinem Bewußtsein wie Feuer brannten und mir die Augen für die Tatsache öffneten, daß Jesus nicht mit einer lebensverkürzenden Drohung, sondern mit einer lebensrettenden Kraft gekommen war. Sie überzeugten mich auch davon, daß *Gott ein guter Gott* ist. Als ich diese Überzeugung in meinen Predigten in Amerika und der ganzen Welt verbreitete, gelang es mir, viele Bastionen des Teufels einzureißen, in denen der Feind der menschlichen Seele die Menschen blind gemacht hatte für Gottes Willen zu heilen und zu predigen und ihre Seelen zu retten.

Gott benutzte, neben anderen, meine Predigten und meine Gebete für die Kranken dazu, große Menschenmengen anzuziehen. Tausende und aber Tausende inspirierte der Heilige Geist zu dem Glauben an Gottes Wort, er wolle sie heilen und befreien. Dann zeigten wir erstmals im Jahre 1954 unsere Evangelisationen, die wir live aufgezeichnet hatten, im amerikanischen Fernsehen, und weitere Millionen Menschen sahen – zum ersten Mal direkt in ihrem Wohnzimmer –, wie Gott Kranke heilte. Sie kamen zu der Erkenntnis, daß Jesus im *Hier und Jetzt* gegenwärtig ist! Wie die Feindschaft, die Jesus in Samaria entgegenschlug, bekam auch ich eine in diesem Ausmaß noch nie erlebte erbitterte Opposition zu spüren. Aber Jesus, der erklärte, er sei nicht gekommen, das Leben der Menschen (Geist, Seele und Leib) zu zerstören, sondern die Menschen zu retten und zu heilen, beflügelte mich, weiterhin zu predigen, daß Jesus Christus gestern, heute und in Ewigkeit derselbe ist – und daß er im *Hier und Jetzt* ist!

In jener Nacht hatte Jesus also in dieser Stadt keinen Platz, wo er sein Haupt betten konnte, und er beklagte die mangelnde Gastfreundschaft der Samariter. Als er weiter in Richtung Jerusalem ging, schloß sich ihm ein Mann an, der sagte: »Ich will dir nachfolgen, wohin du auch gehst, Herr.« Mit anderen Worten: »Herr, ich werde dich nicht so behandeln wie diese unverschämten Menschen.«

Wieder nutzte Jesus die Gelegenheit, uns eine andere große Wahrheit zu lehren, die uns helfen sollte, durch diese Welt hindurch in den Himmel zu gelangen. Er sagte: »Die Füchse haben Höhlen und die Vögel des Himmels Nester; aber der Sohn des Menschen hat nicht, wo er sein Haupt hinlege« (Mt 8,20; Lk 9,58). Aufgrund dieser Worte Jesu hat man eine ganze Armutstheologie aufgebaut, eine Theologie, die ich für teuflisch halte und die auf Jesus und seine Nachfolger bis zum heutigen Tag angewandt wird.

Nein, die Samariter wollten das Geld Jesu nicht nehmen und ihn nicht in ihrer Stadt predigen lassen. Ja, sie waren ihm gegenüber voreingenommen. Ja, seine Jünger wollten in ihrer brennenden Wut das Feuer vom Himmel holen und die Samariter mitsamt ihrer Stadt vom Angesicht der Erde vertilgen. Aber Tatsache ist, daß Jesus ein Haus hatte. Er hätte dorthin zurückgehen können. Er hatte genug Geld in seiner Kasse, um die anfallenden Kosten zu bezahlen. Er hatte Geldgeber, die ihre Finanzen zu einem geistlichen Dienst für ihn gemacht hatten, so daß er sich seinem großen Erlösungswerk widmen konnte. Er trug ein nahtloses Gewand. Ein reicher Mann hatte die Absicht, ihm sein noch unbenutztes Familiengrab zur Verfügung zu stellen. Er war absolut in der Lage, seinen finanziellen Verpflichtungen nachzukommen.

Die Samariter wollten einfach nicht das Geld von Jesus annehmen. Sie weigerten sich, ihn oder seinen Dienst zu akzeptieren, auch dann nicht, wenn er dafür bezahlte. *Es war ganz einfach soziale und religiöse Ablehnung*. Jesus sagte: »Der Sohn des Menschen hat nicht, wo er sein Haupt hinlege.« Damit meinte er einen Platz in ihren sozialen Kreisen und innerhalb ihrer religiösen Struktur. Er fand mit dem Evangelium keinen Platz in ihrer pervertierten Vorstellung von Gott. Nach ihrer Ansicht hatten die Füchse ein Recht auf ihren Bau und die Vögel auf ihr Nest, doch Jesus hatte in ihrer Gesellschaft keinen Platz. Jesus wollte diesem jungen Mann zeigen, daß die Nachfolge Jesu keine Beliebtheit mit sich bringt.

Ich möchte noch einmal betonen, daß ich jene teuflische Lehre, daß Jesus arm war, nicht akzeptieren werde. Wäre er arm gewesen, dann wäre er kaum in der Lage gewesen, die Stadt zu verlassen und sich auf den Weg nach Jerusalem zu machen. Man brauchte auch damals schon Geld, um zu reisen, sich zu ernähren usw.

In Australien nicht willkommen

Einmal wurde ich aus einem Land hinausgeworfen – aus Australien. Es war in dem Jahr, bevor man dort ein Gesetz zum Schutz religiöser Versammlungen erließ. Sie verabschiedeten dieses Gesetz im folgenden Jahr, und es schützte meinen Freund Billy Graham und seine große Evangelisation, die der meinen folgte.

Ich war dort mit einem großen Zelt, das wir nach Australien verschifft hatten. In Sydney hatte man uns einen überwältigenden Empfang bereitet, das Zelt war jeden Abend zum Bersten voll, und die Ergebnisse überstiegen alles, was wir je vorher in der Welt erlebt hatten. Als jedoch das große Zelt zur zweiten Evangelisation nach Melbourne gebracht wurde, herrschte gerade ein landesweiter Hafenarbeiterstreik, der, wie man uns sagte, von den Kommunisten organisiert worden war. Zehntausend Menschen füllten am ersten Abend dort das Zelt. Hunderte kamen durch die Gänge nach vorne, um Christus anzunehmen. Direkt vor den Augen der Leute kam es zu vielen Heilungen. Diese Nachricht verbreitete sich durch die ganze Stadt.

Am Abend darauf schien der Teufel los zu sein. Banden aus dem Hafen stürmten durch die Gänge und kletterten auf die Bühne. Sie bespuckten und schlugen mich und wollten mich daran hindern zu predigen. Hunderte, die nach vorne gekommen waren, um Christus anzunehmen, wurden aufgehalten, und viele wurden aus der Reihe derer, die auf Heilung warteten, herausgezerrt und zu Boden geworfen. Die Banden sprengten die Versammlung und hinderten uns daran, an diesem Abend noch weiterzumachen.

Die Presse schien Amok zu laufen. Sensationsreporter versuchten, mich in Verruf zu bringen. Sie schütteten Bier in ein Glas Wasser, aus dem ich vor meinem Erscheinen auf der Bühne trinken wollte. Sie verbreiteten solch sensationslüsterne Berichte über die Versuche des Pöbels, die Evangelisation zu sprengen, daß fast ganz Melbourne in Aufruhr geriet. Sie fragten nach den

Namen derer, die geheilt worden waren. Als sie sie interviewten und feststellten, daß sie tatsächlich Heilung empfangen hatten, weigerten sie sich, dies in ihren Zeitungsmeldungen zu berichten. Einige aus dieser Hafenbande versuchten, mich zu töten. Sie dachten, ich verließe die Versammlung in einem Auto, in dem auch Evelyn saß, und versuchten, den Wagen zum Kippen zu bringen; sie hörten erst auf, als sie erkannten, daß die Pastoren, die die Schirmherren dieser Veranstaltung waren, mich in einem anderen Wagen weggebracht hatten. Die Polizei hatte strikte Anweisung, keine Hand zu rühren und dem Pöbel seinen Willen zu lassen, weil es keine gesetzliche Grundlage gab, die ihr ein Eingreifen in diesem Fall erlaubt hätte.

Am dritten Abend waren die Menschen so verängstigt, daß nur einige wenige sich ihren Weg durch die brüllende Menge ertrotzten, durch Leute, die auf sie genauso wie auf mich einschlugen. Die amerikanische Botschaft sandte mir eine Nachricht, in der stand: »Wir können für Ihre Sicherheit nicht garantieren.« Am nächsten Morgen strotzten die Zeitungen vor sensationellen Überschriften, wie »PÖBEL WILL ROBERTS' ZELT NIEDERBRENNEN«.

Aber in der Nacht, während ich schlief, packten meine Helfer das riesige Zelt zusammen und verluden es auf einem Schiff, das nach Amerika fuhr. Bei Tagesanbruch kamen sie an meine Tür und sagten: »Oral, hier sind die Flugtickets nach Tulsa für dich und Evelyn.« In großer Hast brachten sie uns zum Flugplatz, bevor der Pöbel merkte, daß wir fort waren.

Daß wir hinausgeworfen wurden, hatte nichts damit zu tun, ob wir in der Lage waren, unsere Rechnungen zu bezahlen, und auch nichts mit der Großzügigkeit des wunderbaren australischen Volkes. Viele Australier waren entsetzt, als sie entdeckten, daß es keine Gesetze zum Schutz religiöser Zusammenkünfte gab, nicht einmal in ihren Kirchen waren sie geschützt, wenn der Pöbel eindringen wollte.

Es hatte zu tun mit religiösen Vorurteilen; mit Banden, denen es erlaubt war, frei herumzulaufen; mit der Boulevardpresse; und mit der Tatsache, daß die heilende Kraft Gottes zum damaligen Zeitpunkt in einer Evangelisation unserer Größe in der sozialen und religiösen Sphäre des australischen Staatsapparats keinen Platz hatte; und mit der Tatsache, daß es keine Gesetze zum Schutz religiöser Versammlungen gab. (Inzwischen ist mein Sohn Richard auf Einladung einiger Pastoren nach Australien gegangen. Seine Evangelisationen erhielten positive Resonanz, selbst von den Nachrichtenmedien, und Tausende von Menschen wurden errettet und geheilt. Australien erlebt meines Wissens gerade seine größte geistliche Erweckung. Die Kraft Gottes ist in Aktion und ruft hunderte von neuen Gemeinden ins Leben!)

In dem Jahr nach unserem Hinauswurf wurde Billy Graham in dem 100.000 Sitzplätze umfassenden Stadion von Sydney ein großer Empfang bereitet, was ihn veranlaßte, mir telegraphisch seine Dankbarkeit auszudrücken. Er sagte, ich hätte geholfen, der Freiheit seiner großen Evangelisation in Australien den Weg zu bereiten. (So ist Billy eben.) Er hatte viele getroffen, die während meiner Evangelisation in Sydney, wo man mich recht gut beschützt hatte, und dann später in Melbourne, wo es zu dem Aufruhr im Zelt kam, errettet und geheilt worden waren. So kann ich ein wenig nachempfinden, wie Jesus sich gefühlt hat, als er aus Samaria hinausgeworfen wurde. Aber das konnte seinen Dienst nicht aufhalten. Und was in Australien geschehen ist, kann meinen Dienst nicht aufhalten.

Neue Erlebnisse in einer kleinen Stadt

Nun ein ganz persönliches Erlebnis: Als ich gerade von der Tuberkulose geheilt war und den Ruf zu predigen erhalten hatte, bat man mich, in der kleinen Stadt zu predigen, in der ich so lange krank gelegen hatte. Die kleine Kirche war zum Bersten voll, da viele von meiner Heilung erfahren hatten und mich sehen und hören wollten.

Es gab dort weder Hotels noch Motels, und ich wurde eingeladen, die Nacht bei einer Familie zu verbringen, deren älteste Tochter auch Tuberkulose gehabt hatte. Sie war in einem Sanatorium gewesen, und die Krankheit war zum Stillstand gebracht worden. Der Ehemann und Vater war kein Christ, und er war nicht zu Hause. Er kam erst, als wir schon zu Bett gegangen waren und schliefen.

Nach Mitternacht weckte mich die tränenüberströmte Frau: »Ach, Oral, es tut mir so leid,« sagte sie, »aber mein Mann ist gekommen und hat erfahren, daß Sie hier sind. Er weiß, wie ansteckend Tuberkulose ist, und er glaubt nicht, daß Sie geheilt sind. Er hat mir befohlen, Sie wegzuschicken.«

Es war eiskalt, mitten im Winter, und als ich das Haus verließ, wußte ich nicht, wohin ich gehen sollte. Dann erinnerte ich mich an eine Familie, mit der wir uns angefreundet hatten, als ich krank war; ich schaffte es schließlich, zu ihrem Haus zu gelangen, und klopfte an die Tür. Sie sagten: »Oral, was tun Sie denn hier so spät in der Nacht?« Ich sagte: »Wenn Sie mich nicht hineinlassen, werde ich erfrieren.« Freundlich luden sie mich ein und brachten mich zu Bett. Ich bin sicher, daß ich nicht der einzige Gottesmann bin, der solch eine Erfahrung gemacht hat. Es hatte *nichts* mit Geld zu tun – nur mit der Angst eines Vaters.

Was ich damit sagen will, ist folgendes: Der Widerstand, dem Jesus bei der Verbreitung des Evangeliums begegnete, konnte ihn nicht aufhalten, und ich lasse mich auch nicht aufhalten. Außerdem will ich damit sagen: Es ist nicht so, daß wir nicht gewillt wären, solche Dinge zu ertragen. Wenn wir müssen, sind wir willens, alles zu ertragen, solange es zu Gottes Plan gehört. Aber Jesu Erfahrungen oder meine mit der Armut als Gottes Plan für die Menschen in Verbindung zu bringen – das läßt Gottes Wort nicht zu.

Du darfst Gott nicht verantwortlich machen, wenn dir schlimme Dinge zustoßen. Denke an Johannes 10,10, wo Jesus selbst sagt: »Der Dieb kommt nur, um zu stehlen und zu töten und zu zerstören. Ich bin gekommen, damit sie Leben haben und es im Überfluß haben.« Unterscheide zwischen einem bösen Teufel und einem guten Gott und erkenne, daß Gott dir das Leben und das volle Genüge geben will, wenn auch der Teufel versucht, dein Geld zu stehlen oder deine Bemühungen zunichte zu machen oder dich zu töten. Bedenke, daß Jesus nach eigener Aussage in dein Leben gekommen ist, damit du das »überfließende Leben« bekommst. Jesus und das »überfließende Leben« ist das, was mich aufrechthält.

2. Petrus sagte: »Silber und Gold habe ich nicht.« Bedeutet das nicht, daß Christen arm sein sollen?

Ich glaube, nichts könnte weiter von der Wahrheit entfernt sein. Lesen wir den Zusammenhang in Apostelgeschichte 3,1-9:

»Petrus aber und Johannes gingen um die Stunde des Gebets, die neunte, zusammen hinauf in den Tempel. Und ein Mann, der von seiner Mutter Leibe an lahm war, wurde herbeigetragen; man setzte ihn täglich an die Pforte des Tempels, die man die schöne nennt, damit er Almosen erbat von denen, die in den Tempel gingen. Als dieser Petrus und Johannes sah, wie sie in den Tempel eintreten wollten, bat er, das er ein Almosen empfinge. Petrus aber mit Johannes blickte fest auf ihn hin und sprach: Sieh uns an! Er aber gab acht auf sie, in der Erwartung, etwas von ihnen zu empfangen. Petrus aber sprach: Silber und Gold besitze ich nicht; was ich aber habe, das gebe ich dir: im Namen Jesu Christi, des Nazoräers: Geh umher! Und er ergriff ihn bei der rechten Hand und richtete ihn auf. Sofort aber wurden seine Füße und seine Knöchel stark, er sprang auf, konnte stehen und ging umher. Und er trat mit ihnen in den Tempel, ging umher und sprang und lobte Gott. Und das ganze Volk sah ihn umhergehen und Gott loben«.

Frage: Hatten Petrus und Johannes, diese beiden wichtigsten Apostel Jesu, kein Geld?

Antwort: Ich glaube, Tatsache ist, daß sie Geld hatten. Aber woher wissen wir das, wenn sie doch sagten, sie hätten keines? Laß mich dir vier Argumente nennen, die beweisen, daß Petrus und Johannes an diesem Tag doch Geld bei sich hatten. Erstens waren sie auf dem Weg in den Tempel, um dort zu beten. Diejenigen, die in Jerusalem Gottes Tempel betraten, kamen mit Opfern für den Herrn.

Selbst die ärmsten Witwen wußten, daß sie Geld als Opfer für den Herrn bei sich haben mußten, wenn sie in den Tempel gingen. In Markus 12,41-44 nahm Jesus sich trotz seines vollen Arbeitstages Zeit, um die Menschen zu beobachten, die ihr Geldopfer im Tempel darbrachten: »Und er setzte sich dem Schatzkasten gegenüber und sah, wie die Volksmenge Geld in den Schatzkasten einlegte; und viele Reiche legten viel ein. Und eine arme Witwe kam und legte zwei Scherflein ein, das ist ein Pfennig. Und er rief seine Jünger herbei und sprach zu ihnen: Wahrlich, ich sage euch: Diese arme Witwe hat mehr eingelegt als alle, die in den Schatzkasten eingelegt haben. Denn alle haben von ihrem Überfluß eingelegt; diese aber hat aus ihrem Mangel alles, was sie hatte, eingelegt, ihren ganzen Lebensunterhalt.«

Beachte, daß Jesus diese arme Witwe lobte wegen der Art ihres Gebens. Ihr Opfer war vor allem deshalb so bedeutsam, weil sie aus *ihrer Armut gegeben hat*. Es ist offensichtlich, daß Jesus dafür sorgen würde, daß diese Saat ihres Glaubens ihr vielfach wiedergegeben würde. Aber worauf es hier ankommt, ist die Tatsache, daß selbst von den Ärmsten erwartet wurde, daß sie geben, wenn sie in den Tempel kommen. Also können wir sicher sein, daß Petrus und Johannes, die auf dem Weg in den Tempel waren, an dem Tag, als Petrus erklärte, er habe weder Silber noch Gold, Geld bei sich hatten, um es nach dem Tempelgottesdienst Gott zu geben.

Zweitens denke daran, daß Petrus und Johannes jetzt im »Dienst« Jesu standen. Sie hatten ihre Arbeit als Fischer auf dem See von Galiläa Jahre zuvor aufgegeben, als Jesus ihnen den Auftrag gegeben hatte, Menschen zu fangen, wie sie früher Fische gefangen hatten.

Jesus hatte Petrus und Johannes und die anderen nicht von ihrer früheren Arbeit fortgerufen, damit sie in Armut leben sollten. Sie sollten Menschen fischen, was all ihre Zeit in Anspruch nahm. Und nach Menschen zu fischen, das heißt, ihnen vollzeitlich das Evangelium zu bringen, erforderte eine angemessene finanzielle Unterstützung für sie. Jesus hatte eindeutig erklärt: »Der Arbeiter ist seines Lohnes wert« (Lk 10,7). In dieser Episode mit dem Gelähmten befanden sich Petrus und Johannes also im Dienst Jesu, und sie erhielten dafür von ihm eine Bezahlung von dem Geld, mit dem ihm diejenigen »dienten«, die er errettet und geheilt hatte (Lk 8,2.3). Ihre Aufgabe war es, den Menschen die Botschaft von der Erlösung und dem Reich Gottes zu bringen. Sie »aber gingen aus und predigten überall, während der Herr mitwirkte und das Wort durch die darauf folgenden Zeichen bestätigte« (vgl. Mk 16,20). Diese Zeichen beinhalteten auch die Heilung Kranker, wie Jesus es getan hatte. Ich kann nicht akzeptieren, daß Jesus sagt: »Der Arbeiter ist seines Lohnes wert« und dies dann nicht für Petrus und Johannes und die anderen, die – damals oder jetzt – für ihn arbeiteten, nicht gelten läßt.

Drittens ist es falsch anzunehmen, daß Petrus meinte, er hätte kein Geld für Essen, Unterkunft, Kleidung, Reisen oder dafür, der Anführer der zwölf Apostel zu sein; auch darf man nicht denken, die neu gegründete Gemeinde in Jerusalem mit ihren beträchtlichen Ausgaben und Verpflichtungen hätte keine finanziellen Mittel gehabt. Die Bibel sagt, die frühen Gemeinden hatten Geld.

In diesem Zusammenhang gibt es etwas, das du wissen und ständig beachten solltest: In den ersten hundert Jahren nach Niederschrift der Bibel gab es darin weder Kapitel noch Verse. Es war ein langes, ununterbrochenes Schriftstück. Um das Verständnis zu erleichtern, wurde später – viel später – eine Einteilung in Kapitel und Verse hinzugefügt. Wenn du also Apostelgeschichte 3,1-9 liest, solltest du zurückgehen und mit der Lektüre bei Kapitel 2,42 beginnen und dann ohne Unterbrechung bis Apostelgeschichte 3,1-9 durchlesen.

Laß uns jetzt das Ganze ab Apostelgeschichte 2,42 noch einmal lesen: »Sie verharrten aber in der Lehre der Apostel und in der Gemeinschaft, im Brechen des Brotes und in den Gebeten. Es kam aber über jede Seele Furcht, und es geschahen viele Wunder und Zeichen durch die Apostel. Alle Gläubiggewordenen aber waren beisammen und hatten alles gemeinsam; und sie verkauften die Güter und die Habe und verteilten sie an alle, je nachdem einer bedürftig war. Täglich verharrten sie einmütig im Tempel und brachen zu Hause das Brot, nahmen Speise mit Frohlocken und Schlichtheit des Herzens, lobten Gott und hatten Gunst beim ganzen Volk. Der Herr aber tat täglich hinzu, die gerettet werden sollten. Petrus aber und Johannes gingen um die Stunde des Gebets, die neunte, zusammen hinauf in den Tempel. Und ein Mann, der von seiner Mutter

Leibe an lahm war, wurde herbeigetragen; man setzte ihn täglich an die Pforte des Tempels, die man die schöne nennt, damit er Almosen erbat von denen, die in den Tempel gingen. Als dieser Petrus und Johannes sah, wie sie in den Tempel eintreten wollten, bat er, daß er Almosen empfinge. Petrus aber mit Johannes blickte fest auf ihn hin und sprach: Sieh uns an! Er aber gab acht auf sie, in der Erwartung, etwas von ihnen zu empfangen. Petrus aber sprach: Silber und Gold besitze ich nicht; was ich aber habe, das gebe ich dir: Im Namen Jesu Christi, des Nazoräers: Geh umher! Und er ergriff ihn bei der rechten Hand und richtete ihn auf. Sofort aber wurden seine Füße und seine Knöchel stark, er sprang auf, konnte stehen und ging umher. Und er trat mit ihnen in den Tempel, ging umher und sprang und lobte Gott. Und das ganze Volk sah ihn umhergehen und Gott loben.«

Beachte, daß es in den Versen 44 und 45 heißt: »Alle Gläubiggewordenen aber waren beisammen und hatten alle Dinge gemeinsam; und sie verkauften die Güter und die Habe und verteilten sie an alle, je nachdem einer bedürftig war.«

Angeführt von Petrus hatten die vielen Tausende, die er und die anderen Apostel zu Christus gebracht hatten, eine Gemeinschaft mit ihnen gebildet, sie hatten *ihr Geld zusammengelegt*. Sie alle erhielten einen gerechten Anteil, der aufgeteilt wurde »an alle, je nachdem einer bedürfig war« (v.45). Es ist offensichtlich, daß Petrus und Johannes ebenfalls ihren Anteil hatten. Sie hatten Geld bei sich – »Silber und Gold« –, als sie den Gelähmten vor der Tempeltür in Jerusalem trafen.

(Als Petrus sagte: »Silber und Gold habe ich nicht«, meinte er damit: »*Für dich* habe ich etwas Besseres als Silber und Gold, etwas, was dir wirklich hilft.« Hinzu kommt, daß er das Geld, das für Gott bestimmt war, nicht als sein Eigentum betrachtete. Anm. des Verlages).

Viertens ereignete sich die Episode an der Tempeltür, die die schöne genannt wurde, *nachdem* Jesus zu seinem Vater in den Himmel gefahren war (Apg 1,9.10) und nachdem er sich »zu seiner Rechten in der Himmelswelt gesetzt« hatte (Eph 1,20). Paulus sprach ausführlich über die Reichtümer Jesus: »Mein Gott aber wird alles, was ihr bedürft, erfüllen nach seinem Reichtum in Herrlichkeit in Christus Jesus« (Phil 4,19).

Petrus wußte, daß Jesus nicht arm war, als er auf dieser Erde lebte, und er wußte auch, daß Jesus, als er wieder zur Rechten seines Vaters saß, von allen Reichtümern des Himmels umgeben war. Jesus würde also Petrus, einen seiner Mitarbeiter, *der seinen Lohn wert war,* nicht ohne Geld in den Tempel gehen lassen.

Frage: Warum gaben sie dann dem verkrüppelten Bettler kein Geld?

Antwort: Sie gaben ihm kein Geld, weil es nicht Geld war, was er brauchte. Sie hatten etwas Besseres für ihn. Lies den Vers 16: »Und durch den Glauben an seinen Namen hat sein Name diesen, den ihr seht und kennt, stark gemacht;

und der durch ihn bewirkte Glaube hat ihm diese vollkommene Gesundheit gegeben vor euch allen.« Es wird uns klar gesagt, daß der Glaube, nicht das Geld, in diesem Fall die Antwort auf den Zustand dieses Mannes war.

Petrus und Johannes gehörten zu den Männern unter den Jüngern Jesu, denen Jesus die Kraft gegeben hatte, alle Arten von Krankheiten zu heilen (siehe Mt 10,1), und so sagten sie: »All diese Jahre hast du Tag für Tag hier vor der Tür von Gottes Tempel gesessen, die die schöne genannt wird, und hast um Geld gebettelt. Doch Geld reicht nicht aus, damit dein verkrüppelter Körper wieder gehen kann oder ganz gesund wird. Wir sind nicht gekommen, um dir Geld zu geben, weil Geld dir nicht helfen kann. Aber wir haben etwas, das dir helfen wird: ›Im Namen Jesu (und Petrus nimmt ihn bei der Hand und beginnt, ihn aufzurichten), steh auf und geh umher.‹« Der Mann konnte nun zum ersten Mal in seinem Leben einen Schritt gehen. Dann fing er an zu springen und zu laufen und ging gleich mit Petrus und Johannes in den Tempel. Selbst die Feinde des Evangeliums gaben zu, daß dies ein bemerkenswertes Wunder war (Apg 4,16).

Ich möchte dich an dieser Stelle etwas fragen: Denkst du, daß Armut eine Bedingung oder ein Kriterium dafür ist, daß ein Diener Gottes Krankheiten heilen oder Wunder vollbringen kann?

Wenn Armut eine Voraussetzung für Heilungen und Wunder ist, warum verzichten dann nicht alle Prediger und alle anderen Arbeiter im Dienst des Evangeliums auf ihr Gehalt, damit sie Werkzeuge wunderbarer Heilungen werden können?

Natürlich hört sich das einfach unsinnig an, denn es stimmt nicht überein mit dem, was im Wort Gottes über Jesus und seine Nachfolger in der Urgemeinde und in den heutigen Gemeinden gesagt wird.

In Vers 16 erklärte Petrus schlicht und einfach, daß es der Glaube an den Namen Jesu war, der das Wunder der völligen Heilung vollbrachte.

Achte noch einmal sorgfältig auf das, was David viele hundert Jahre davor gesagt hat: »Ich war jung und bin auch alt geworden, doch nie sah ich einen Gerechten verlassen, noch seine Nachkommen um Brot betteln« (Ps 37,25). Wir wissen, daß der Verkrüppelte, der durch den Glauben von Petrus und Johannes geheilt wurde, *aufhörte zu betteln*.

In seiner ersten Rede in der Synagoge von Nazareth bezog Jesus Jesaja 61,1+2 auf sich: »Der Geist des Herrn ist auf mir, weil er mich gesalbt hat, Armen gute Botschaft zu verkündigen« (Lk 4,18). Evangelium heißt »frohe Botschaft«. Was soll das für eine frohe Botschaft sein, wenn man zu den Armen, ja sogar zu Bettlern, kommt und ihnen sagt: »Ich bin hier, um euch zu sagen, daß Gott will, daß ihr arm seid und daß die Armut sein Geschenk für euer Leben ist. Bleibt nur schön arm und verhungert, und Gott wird mit euch zufrieden sein.«

Wären Petrus und Johannes Bettler gewesen, hätte Jesus dann zu ihnen gesagt: »Ich belohne euren Glauben an mich und eure Bemühungen, Kranke in meinem Namen zu heilen, mit Armut«? Dürfen wir wirklich glauben, daß Jesus seine großen Apostel Petrus und Johannes vergaß, als er zur Rechten seines Vaters saß und wieder im Besitz der himmlischen Reichtümer war? Oder daß sie an jenem Tag mit nichts – null – in Gottes Haus gehen würden und dem Herrn, ihrem Gott, nichts opfern würden? Sollen wir glauben, daß sie keinen Anteil an dem »zusammengelegten« Geld der Urgemeinde hatten, wie in Apostelgeschichte 2,44+45 geschrieben steht? Sicherlich nicht!

Selbst wenn wir Milliarden von Dollar zur Verfügung hätten, gäbe es immer noch Dinge, die wir nicht zuwege bringen könnten, denn Geld allein ist bei weitem keine Universallösung. *Aber glaube mir, aus langer Erfahrung mit und ohne Geld – und mit und ohne Glauben – weiß ich: Geld ist kein Ersatz für den Glauben, und der Glaube ist kein Ersatz für Geld.* Es geschah nicht durch das Geld von Petrus und Johannes, sondern durch den Akt ihres Glaubens an Jesus, daß dieser Mann wieder laufen konnte. Er konnte von dem Tag an arbeiten und seinen Lebensunterhalt verdienen und war somit ein lebender Beweis für die durch den Glauben an seinen Namen Wunder wirkende Kraft Jesu Christi von Nazareth.

Was das Geld betrifft, warum hat Gott die Straßen des Himmels, wo er seinen Thron hat, mit Gold gepflastert? Wenn Jesus keine Reichtümer hat und ein Bettler ist, wie könnte Gott dann all unserem Mangel nach seinem Reichtum in Herrlichkeit in Christus Jesus abhelfen? Und warum sagte er: »Mein ist das Silber und mein das Gold« (Hag 2,8)? Da aber nun aller wahre Reichtum Gott gehört, warum sollten wir uns der Armuts-Lehre derjenigen unterwerfen, die die Bibel entweder falsch interpretieren oder denen es egal ist, ob unsere Bedürfnisse erfüllt werden oder nicht?

Was nun den Glauben betrifft: Wenn der Glaube nicht funktioniert, warum hat Gott dann jedem von uns ein Maß davon gegeben? Der Apostel sagte: »...wie Gott einem jeden das Maß des Glaubens zugeteilt hat« (Röm 12,3). Wenn wir Gott ohne Glauben gefallen könnten, warum sagte dann Gott: »Ohne Glauben aber ist es unmöglich, ihm wohlzugefallen« (Hebr 11,6)? Gott weiß, daß du und ich ihm nur durch den Glauben gefallen können. Darum gab er uns den Glauben, damit wir ihm gegenüber davon Gebrauch machen. Und der Glaube bewirkt immer noch Wunder, und diese Wunder schließen die Heilung Kranker und die Erfüllung unserer finanziellen Bedürfnisse mit ein.

Das Geld hat seine Funktion. Der Glaube hat seine Funktion. Wir *müssen* beides haben. Gott hat uns *sowohl Geld als auch Glauben* gegeben. Wenn wir seine Bedingung, beides zu seiner Herrlichkeit einzusetzen, erfüllen, bekommen wir beides. Übrigens, wenn Geld den gelähmten

Bettler hätte heilen können, der täglich Almosen an der Tür des Tempels erhielt, warum war er dann nicht längst geheilt worden? Warum? Oder wenn Armut heilen könnte, warum war er dann an den Tagen, als niemand ihm Geld gab, nicht geheilt worden? Warum? Ich glaube, die finanziellen Bedürfnisse von Petrus und Johannes sind erfüllt worden, und ich glaube auch, sie hatten genug Glauben an den Namen Jesu, um diesen Mann zu heilen. Ich bin überzeugt, daß in diesem Fall ihr Glaube das bewirkt hat, was eine noch so große Menge von Silber oder Gold nicht hätte bewirken können. Und auch heute noch kann der Glaube genau das gleiche bewirken.

Ich fürchte mich nicht vor den sogenannten »schwierigen« Bibelstellen oder vor anderen, die ohne sorgfältige Prüfung des Zusammenhangs, in dem sie stehen, falsch ausgelegt werden könnten. Es gibt eine Antwort, und die liegt dort, wo das überfließende Leben ist, wie Jesus es uns geben will (Joh 10,10).

Ich fordere dich auf, die Wahrheit über Jesu eigenes Leben im Überfluß zu glauben und mit mir darin *eins zu werden*, daß deine Bedürfnisse gemäß der Reichtümer Jesu erfüllt werden (Mt 18,19), und ich fordere dich auf, *nicht von dieser Übereinstimmung zu lassen*. Ich verlange von dir, von den falschen Lehren zu lassen, deinen Glauben freizusetzen und dein Wunder zu empfangen. Ich ermutige dich, auf dem Wort Gottes zu stehen, und dich nicht den unbiblischen Lehren einiger ungläubiger religiöser Führer und deren

Lehren zuzuwenden. Ich ermutige dich ebenfalls, wie ich die Nachrichtenmedien zu respektieren. Aber glaube unter keinen Umständen, daß es sich bei diesen Medien um mehr als eine Nachrichten sammelnde, auf das Geldverdienen ausgerichtete Institution handelt, die nicht besser ist als die Meinung und die Vorurteile derjenigen, die für sie schreiben oder berichten. Die Nachrichtenmedien sind nicht Gott, und wir sollten nicht zulassen, daß sie diesen Platz einnehmen.

Ein großer Prediger sagte einmal: »Ich halte mich lieber an Gottes Wort, denn Gott sagte, ›Himmel und Erde werden vergehen, aber mein Wort wird niemals vergehen.‹« Ich stimme mit ihm hundertprozentig überein.

Gottes Wort will dir verständlich machen, daß das Silber und das Gold – die Grundlage allen Geldes, das Gott seiner Erde gab – *schön* sind. Sie sind so schön und so nützlich, daß Satan sie gerne stehlen würde, damit dir nur die häßliche Realität bleibt, nämlich wenig oder gar kein Geld, damit deine finanzielle Situation trostlos wäre, damit sie dir eines Tages, wie eine unheilbare Krankheit, deine Würde und dein Leben nimmt. Denke daran: Der Teufel ist ein Dieb und wird versuchen, alles zu stehlen, was du besitzt, einschließlich deines Geldes und sogar einschließlich deiner Fähigkeit, Geld zu verdienen.

Ich bitte dich eindringlich, dich für alles Geld, das dir gehört, einzusetzen, und zwar mit deiner Arbeit, deinem Glauben, deiner Willenskraft und der Tatsache, daß du deine Finanzen zu einem *geistlichen Dienst* machst, um Gott zu ehren. Nimm des Teufels Nein nicht an, wenn Gott dir ein ganz, ganz großes Ja gibt, wenn er wünscht, daß du genügend Geld für deine Bedürfnisse hast. Säe deinen Zehnten und deine Opfer, d. h. dein Geld als eine geistliche Saat, und diene so Jesus und seinen Dienern, damit sie durch Predigen, Lehren und Heilen das Evangelium in der ganzen Welt verbreiten können! Sage ja, ja und nochmals ja. Sage: »Ich werde es tun und auf ein Wunder warten!«

3. Wie sollen wir es verstehen, wenn die Bibel sagt, daß Jesus arm wurde, damit wir reich werden könnten?

Einige behaupten, 2. Korinther 8,9 beweise, daß Jesus in Armut lebte. »Denn ihr kennt die Gnade unseres Herrn Jesus Christus, daß er, da er reich war, um euretwillen arm wurde, damit ihr durch seine Armut reich werdet.«

Dies ist eine der Bibelstellen, die für mich schwer zu verstehen war. Doch was mir half, war die Tatsache, daß ich über dieser Stelle so lange nachdachte, bis ich herausfand, in welchem Zusammenhang Paulus dies gesagt hatte. Bis dahin hatte ich den gleichen Fehler gemacht wie diejenigen, die sich einen Vers aus der Bibel heraussuchen und eine ganze Theologie darauf aufbauen.

Paulus sagt: »Ihr kennt die Gnade unseres Herrn Jesus Christus.« Das bedeutet, daß sie alle eine persönliche Erfahrung mit Jesus gemacht hatten, daß sie an ihn als ihren persönlichen

Erlöser und Herrn und an die wunderbaren Dinge glaubten, die er für sie vollbracht hatte.

Kennst du Gottes Gnade in deinem eigenen Leben? Gnade ist das Geschenk von Gottes unverdienter Gunst. Unser Verstand kann es kaum fassen, daß Gott solch ein guter Gott ist, daß er uns erlöst und uns gnädig ist, auch wenn wir es überhaupt nicht verdienen.

Wie Paulus sagte, hatte er ihnen allen von Gottes Gnade so oft erzählt, daß sie die Gnade Jesu ihnen gegenüber kannten. Dann fügte er hinzu: »Daß er [Jesus], da er reich war, um euretwillen arm wurde, damit ihr durch seine Armut reich werdet.«

In diesem Text heißt es, daß Jesus arm wurde. Dort heißt es auch, daß er um deinetwillen, um aller Menschen willen, arm wurde. Was bedeutet dies in diesem Zusammenhang, und was bedeutet es im Zusammenhang des gesamten Wortes Gottes?

Ich denke, wir müssen die Armut Jesu im Sinne von Philipper 2 verstehen. Jesus wurde insofern arm, als er, der auf gleicher Stufe mit Gott stand, »sich selbst zu nichts machte und Knechtsgestalt annahm, indem er den Menschen gleich geworden ist, und der Gestalt nach wie ein Mensch erfunden, erniedrigte er sich selbst und wurde gehorsam bis zum Tod, ja, zum Tod am Kreuz« (Phil 2,7.8). Um uns zu zeigen, wie Gott ist, und um zu sitzen, wo wir sitzen, um zu fühlen, was wir fühlen, und damit er unser Erlöser sein könne, wurde Jesus selbst ein menschliches Wesen ohne die Herrlichkeit, die ihn bei seinem Vater im Himmel umgab.

Beachte den Ausdruck: »Er machte sich selbst zu nichts...«

Im griechischen Original bedeutet dieses Wort, so wie es hier verwendet wird, »entleert«. Mit anderen Worten »entleerte« er, der Gott gleich war, sich selbst, nicht indem er seine Göttlichkeit aufgab, sondern indem er seine göttliche Allmacht ablegte. Er erniedrigte sich so weit, daß er als Mensch nicht allein einen menschlichen Körper hatte, sondern auch wie wir aus Glauben leben mußte. Dieser Glaube ist derselbe Glaube, den auch wir von Gott empfangen haben. Es war in diesem Sinn ein Sich-Erniedrigen, ein Sich-Entleeren, und so wurde er nur arm in Relation zu dem Wesen, das er im Himmel wirklich war. Nicht arm in dem Sinne, daß er kein Geld hatte, nicht arm in dem Sinne, daß ihm die Mittel fehlten, seinen Lebensunterhalt zu bestreiten, oder daß er nicht genügend Geld gehabt hätte, sich selbst und seinem Team das Predigen, Lehren und Heilen zu ermöglichen. *Sondern arm als menschliches Wesen, verglichen mit seiner Göttlichkeit als Gottes Sohn.*

Beachte, daß die Bibel folgendes sagt: Aus Gnade wurde Jesus um unseretwillen arm, obwohl er reich gewesen war, damit wir durch seine Armut reich werden könnten. Wenn du sagst, er wurde arm im finanziellen Sinne, auf daß wir reich würden, dann müßtest du auch sagen, er tat es, damit unsere finanziellen Bedürfnisse erfüllt würden.

Mit anderen Worten: Wenn du glaubst, daß das Arm-Werden Jesu sich auf das Geld bezieht, dann müßtest du in gleicher Weise sagen, daß es bei dieser Bibelstelle um Geld geht, wenn es heißt, daß er es tat, damit wir reich würden. Oder noch anders ausgedrückt: Der Grund dafür, daß Jesus seine himmlischen Reichtümer aufgab, liegt bei unseren Finanzen; Jesus tat es, damit wir nicht gezwungen wären, arm zu sein. Wenn es bei seinem Arm-Werden um Geld ging, dann geht es folglich auch bei unserem Reich-Werden um Geld.

Aber ich glaube nicht, daß die Schrift hier sagen will, jeder von uns werde automatisch reich, wenn er Jesus als seinen Erlöser akzeptiert. Das glaube ich ganz und gar nicht. Es bedeutet allerdings, daß uns ein neuer Weg gezeigt wird, wie unsere finanziellen Bedürfnisse im Überfluß erfüllt werden können. Und ich habe, ehrlich gesagt, viel Armut kennengelernt und bin durch viele Lebensabschnitte gegangen, ohne Geld zu haben. Ein praktisches Ergebnis meines Christseins besteht u. a. darin, daß Jesus all meine Bedürfnisse, einschließlich meiner finanziellen erfüllt. Ausreichend Geld zu haben, ist durchaus in Übereinstimmung mit der Bibel und einem auf Christus ausgerichteten Leben. Es ist absolut gottgewollt, daß wir finanziell in der Lage sind, alles das auf der Erde zu tun, wozu er uns berufen hat.

Ich glaube, daß das gleiche auch für dich gilt. Um dieses Leben durchzustehen, braucht man Liebe, Glauben, Hoffnung, Gehorsam und harte Arbeit. Man braucht die Einstellung: »Ich werde nicht aufgeben« – *und man braucht man Geld.*

Die Gnade des Gebens

Wenn du glaubst, ich stelle all dies zu simpel dar, dann solltest du dich mit mir auf eine gründlichere Betrachtung von 2. Korinther 8,9 einlassen.

Erstens sind die Kapitel 8 und 9 von 2. Korinther meines Wissens der einzige Text in der Bibel, der ausgiebig davon spricht, daß wir Gott etwas geben sollen. Es gibt hunderte anderer Bibelstellen vom 1. Mose bis Offenbarung, die vom Geben wie auch vom Empfangen handeln. Doch in diesen beiden Kapiteln wird dieses Thema von Paulus besonders gründlich behandelt.

Zweitens beginnt Paulus Kapitel 8 folgendermaßen: »Wir teilen euch aber mit, Brüder, die Gnade Gottes, die in den Gemeinden Mazedoniens gegeben worden ist, daß bei großer Bewährung in Drangsal der Überschwang ihrer Freude und ihre tiefe Armut übergeströmt ist in den Reichtum ihrer Freigebigkeit. Denn nach Vermögen, ich bezeuge es, und über Vermögen waren sie aus eigenem Antrieb willig und baten uns mit vielem Zureden um die Gnade und die Beteiligung am Dienst für die Heiligen. Und nicht nur so, wie wir hofften, sondern sie gaben sich selbst zuerst dem Herrn und dann uns durch Gottes Willen« (v.1-5).

Er weist deutlich darauf hin, daß es Gott ist, der jedem von uns *die Gnade des Gebens* gibt. Auch gibt er der Gemeinde als Ganzes die Gnade des Gebens. Als menschliche Wesen sind wir so selbstsüchtig, daß wir Gottes Gnade brauchen, um zum Geben bewegt zu werden. Andernfalls würden wir alles, was wir verdient haben, für uns selbst verschwenden.

Drittens erklärt Paulus, daß die hier erwähnten Gläubigen in Mazedonien durch Gottes Gnade in ihrem Herzen *aus ihren tiefsten finanziellen Bedürfnissen heraus gaben*. Außerdem gaben sie mit *Freude*. Das bedeutet, daß sie sicherlich damit rechneten, daß sie ihrerseits von Gott etwas bekommen würden, und zwar aus derselben Gnade heraus, die er in ihre Herzen gesenkt hatte, damit sie geben könnten.

Viertens beteten sie, Paulus möge ihre Opfergaben erhalten und Gottes Werk damit tun (v.4).

Fünftens gaben sie zuerst sich selbst Gott, dann gaben sie ihre Geldspenden Paulus und seinen Mitarbeitern, um den Heiligen in Jerusalem zu helfen, *so daß die Christen dort nicht gezwungen wären, in Armut zu leben*. Sie hatten ihre Arbeit verloren, weil sie an Jesus glaubten. *Wenn Gott gewollt hätte, daß Christen arm seien – und Armut ihr Lebensstil sein sollte –, dann hätte Paulus diese Sammlung nicht organisiert, damit der Not der Christen in Jerusalem abgeholfen wird.*

Sechstens war Paulus durch ihre Freigebigkeit so beeindruckt, daß er einen seiner engsten Vertrauten, den Pastor Titus, zu ihnen sandte, um durch seine Verkündigung ihre Opferbereitschaft noch zu verstärken, damit die Gnade des Gebens in ihnen wirksam bleibt, solange sie leben. Paulus wollte nicht, daß sie in ihrer Begeisterung nur ein- oder zweimal gaben und dann aufhörten. Sie sollten beständig geben, denn sie befanden sich bereits in der Gnade des Gebens. Und das ist es auch, was Gott heute von dir und von mir will: die Gnade des Gebens in unseren Herzen, für den Rest unseres Lebens. Mit anderen Worten: *unsere Finanzen als ein geistlicher Dienst.*

Ferner wollte Paulus, sie sollten sich an das erinnern, was sie von ihm gelernt hatten. »Denn ihr kennt die Gnade unseres Herrn Jesus Christus, daß er, da er reich war, um euretwillen arm wurde, damit ihr durch seine Armut reich werdet« (v.9).

Ja, Paulus wußte nicht nur, daß das Geben eine Wirkung der Gnade Gottes in unserem Herzen ist im Sinne eines unverdienten Geschenkes Gottes, sondern *er hatte auch den Mut, dies zu predigen*. Und er predigte es, bis es in ihre Herzen eingesunken war. Denn wie kannst du als Gläubiger wissen, daß die Gnade des Gebens durch das, was Gott für dich getan hat, in deinem Herzen ist, wenn wir, die wir im Dienst Gottes stehen, es dir nicht predigen? Paulus predigte es immer und immer wieder, bis sie es begriffen hatten und dann danach handelten. Aus irgendeinem Grund haben nicht viele Prediger den Mut, regelmäßig zu ihrer Gemeinde über die Gnade des Gebens zu sprechen. Das müßte anders werden – zum Nutzen des Evangeliums wie auch zum Nutzen aller Gläubigen – damit diese die Gnade des Gebens kennenlernen.

Darum erzähle ich dir von dieser Wahrheit Gottes, daß Jesus nicht arm war in dem Sinn, in dem die Menschen über Armut sprechen. Er war nicht nur nicht arm in diesem Sinne, sondern er hatte die Gnade des Gebens, und durch die Gnade Gottes in unseren Herzen haben auch wir die Gnade des Gebens. Aber wir dürfen sie nicht ungeweckt in unseren Herzen ruhen lassen. Wir müssen diese Gnade in unserem Herzen aktivieren und Jesus mit unseren Zehnten und Opfern dienen – *als Saat unseres Glaubens*. Dafür wird Gott uns die Fenster des Himmels öffnen und um unseretwillen »den Fresser bedrohen« (Mal 3,10.11).

Höre, was der Geist dir über diese große Wahrheit der Gnade des Gebens sagt und darüber, wie sie in deinem Leben in eben diesem Augenblick zur Realität werden kann. Ich glaube, Gott spricht in dir. Aber es ist nicht genug, wenn Gott zu dir spricht – du mußt auch auf ihn hören! So wie Dr. Larry Lea in seinem wunderbaren Buch *Ohren um zu hören* sagt: »Habe Ohren, um zu hören!« Du kannst es, wenn du es wirklich willst.

4. Jesus wollte, daß wir unsere Habe verkaufen. Heißt das nicht, er wollte, daß die, die ihm folgen, arm sein sollten?

Dies ist eine weitere falsch ausgelegte Bibelstelle, die viele benutzen, um zu beweisen, daß Jesus arm war und daß er wollte, daß auch du arm bist. Ich weiß noch, welch Kopfzerbrechen mir diese Stelle bereitete.

Lies Matthäus 19,21: »Jesus sprach zu ihm: Wenn du vollkommen sein willst, so geh hin, verkaufe deine Habe und gib den Armen, und du wirst einen Schatz im Himmel haben. Und komm, folge mir nach.«

Selbst die eigenen Jünger Jesu, die dicht bei ihm standen, als er diese Worte zu jenem reichen jungen Mann sprach, hatten Schwierigkeiten, das zu verstehen. Sie wußten, daß Jesus nicht arm war. Sie waren seine Mitarbeiter, und er sorgte finanziell für sie. Und da sie wußten, daß er nicht nur den Armen gab, sondern auch sie anhielt, den Armen zu helfen, waren sie geradezu geschockt, Jesus zu jemandem sagen zu hören, er solle seine ganze Habe verkaufen.

Petrus, der besonders Lautstarke unter ihnen, sagte: »Siehe, wir haben alles verlassen und sind dir nachgefolgt. Was wird uns nun werden?« (v.27).

Jesus nahm sich die Zeit, um Petrus und der ganzen Gruppe ausführlich zu erklären, daß seine Äußerung dem reichen jungen Mann gegenüber sich nicht auf jeden Gläubigen beziehe. Jener junge Mann versuchte, sich selbst Gott zu geben, ohne dem Herrn einen angemessenen Betrag zu geben. Jesus wollte ihm nicht gestatten, eine Trennung zwischen sich selbst und seinem Geld zu machen – sie sind in den Augen Gottes ein Ganzes. Das heißt, daß alles, was wir sind, und alles, was wir haben, Gott gehört. Gott ist unsere Quelle. Nicht Geld ist unsere Quelle, auch nicht die Menschen, nur Gott allein ist unsere Quelle.

Jesus erklärte außerdem, daß nichts an die Stelle unseres Gebens gesetzt werden kann – nicht einmal eine noch so große Frömmigkeit. Geben ist *Gnade*, Geben ist ein *Dienst*, Geben ist eine *Saat*, Geben ist ein *Bund*. Wenn du mit Jesus gehen willst, mit dem Mann, der dein persönlicher Erlöser und Herr *und* deine Quelle ist, wirst du es als Ehre betrachten, Gott deinen Zehnten und deine Opfer zu bringen. Denke daran, dein Zehnter gehört bereits dem Herrn, du kannst ihn ihm nur *bringen*. Wenn du das nicht tust, bist du, wie gerecht du vor dem Herrn auch sein mögest, genau wie der reiche junge Herrscher, der betrübt wegging, weil er das, was Gott gehörte, für sich selbst behalten wollte. Es heißt: »Er ging betrübt weg« (v.22). Viele Gläubige wundern sich über eine gewisse Betrübtheit in ihren Herzen. *Das sind jene, die Jesus ihr Leben geben, aber ihr Geld für sich behalten wollen.*

Die Antwort Jesu an dieser Stelle zeigt auch folgendes: Wenn du Jesus mit deinem Geld nicht als ein Akt deines Glaubens dienst, kannst du auch nicht in dem Strom der ständig geschehenden Wunder leben. Denn dann hast du für die Erwartung eines Wunders keine biblische Grundlage, genauso wie der junge reiche Herrscher. Er weigerte sich, in die Gnade des Gebens einzutreten und aus seinen Finanzen einen geistlichen Dienst zu machen, wie Jesus es wollte. Und obwohl er Geld hatte, lernte er nie die unaussprechliche Freude kennen, ein Wunder zu erwarten, das geschieht, wenn man etwas von seinem Geld gibt und es im Glauben gibt.

Jener reiche junge Mann ließ schließlich sogar zu, daß Satan ihn betrog und ihm die Überzeugung eingab, daß Jesus, von dem er offensichtlich gedacht hatte, er sei arm, den Wunsch hatte, er solle all seine finanzielle Habe fortgeben und ebenfalls arm sein. Man muß ihm jedoch zugestehen, daß er zu Recht dachte, dies wäre ein schlechter Handel. Aber er erlaubte Satan, seine Augen blind zu machen für das, was Jesus an Segnungen für ihn bereit hatte.

Schnell erklärte Jesus seinen geschockten Jüngern: »Und ein jeder, der Häuser oder Brüder oder Schwestern oder Vater oder Mutter oder Frau oder Kinder oder Äcker um meines Namens willen verlassen hat, wird hundertfach empfangen und ewiges Leben erben. Aber viele Erste werden Letzte und Letzte Erste sein« (v. 29+30).

Jesus sagte, daß das, was wir als Gegenleistung für unser Geben erhalten, für *dieses Leben* sein wird. Und darüber hinaus werden wir ewiges Leben erben. In dieser selben Episode, die in Markus 10,21-30 geschrieben steht, sagt Jesus:

»Eins fehlt dir; geh hin, verkaufe alles, was du hast, und gib es den Armen, und du wirst einen Schatz im Himmel haben, und komm, folge mir nach. Er aber ging, entsetzt über das Wort, traurig weg, denn er hatte viele Güter. Und Jesus blickte umher und spricht zu seinen Jüngern: Wie schwer werden die, welche Güter haben, in das Reich Gottes hineinkommen! Die Jünger aber erschraken über seine Worte. Jesus aber antwortete wieder und spricht zu ihnen: Kinder, wie schwer ist es, in das Reich Gottes hineinzukommen! Es ist leichter, daß ein Kamel durch das Öhr der Nadel geht, als daß ein Reicher in das Reich Gottes hineinkommt. Sie aber gerieten ganz außer sich und sprachen zueinander: Und wer kann dann errettet werden? Jesus aber sah sie an und spricht: Bei Menschen ist es unmöglich, aber nicht bei Gott; denn bei Gott sind alle Dinge möglich. Petrus begann und sagte zu ihm: Siehe, wir haben alles verlassen und sind dir nachgefolgt. Jesus sprach: Wahrlich, ich sage euch: Da ist niemand, der Haus oder Brüder oder Schwestern oder Mutter oder Vater oder Kinder oder Äcker verlassen hat um meinetwillen und um des Evangeliums willen, der nicht hundertfach empfängt, jetzt in dieser Zeit Häuser und Brüder und Schwestern und Mütter und Kinder und Äcker unter Verfolgungen und in dem kommenden Zeitalter ewiges Leben.«

Beachte, daß er sagt: »... der nicht hundertfach empfängt, jetzt in dieser Zeit« (v.30). Er sagt auch: »unter Verfolgungen« (v.30).

Ich kann dir versichern, daß dies wahr ist, und zwar aus meiner persönlichen Erfahrung, aber auch aus der Erfahrung unzähliger anderer heraus, die ich kenne und die Saatglauben praktizieren und auch die »Ernte« einbringen. Viele andere Menschen sind nämlich neidisch auf sie. Auch Satan platzt vor Wut, er, dem nichts von Gottes Erde und ihrem Reichtum gehört – kein Tropfen Wasser, kein Gramm Silber oder Gold – wenn er sieht, daß ein Gläubiger endlich im Innersten seines Herzens begriffen hat, daß *Jesus nicht arm war und auch nicht will, daß diejenigen, die ihm nachfolgen, arm sind.*

Jesus hat den Teufel durchschaut. Er sagt: »Der Dieb kommt nur, um zu stehlen und zu töten und zu zerstören...« (siehe Joh 10,10).

Das nächste Mal, wenn dir jemand diese Worte Jesu, die er zu dem reichen Jüngling sagte, entgegenhält, um dich davon zu überzeugen, daß Jesus arm war und daß er will, daß auch du arm bist, denke an die Situation, in der Jesus diese Worte sagte. Es sei denn, du hast die Einstellung des reichen Jünglings, dann gelten diese Worte nicht für dich.

Es gibt noch andere Bibelstellen, die üblicherweise falsch ausgelegt werden, und zwar dahingehend, daß Jesus arm war.

Doch ich habe diese vier Stellen benutzt, weil sie die sind, die am meisten zitiert werden. Außerdem habe ich sie ausgewählt, weil es die falsche Auslegung gerade dieser Passagen war, die einmal einen schlechten Einfluß auf mich gehabt hatte.

Vor kurzem hörte ich einen sehr populären Redner im landesweiten Fernsehen, der sich dagegen aussprach, daß Millionen von Dollar von den Gemeinden und Missionswerken gebraucht werden. Er sagte: »Schließlich hatte Jesus nur ein Gewand; er hatte keinen Platz, wo er sein Haupt hinlegen konnte. Er lebte in Armut.« Er schloß ironischerweise mit der Bitte an seine Zuschauer, ihm für die wichtige Arbeit Gottes, die er in der ganzen Welt leistete, Geld zu schicken.

Mir fiel auf, daß der geschmeidige Wortfluß seiner Botschaft zu stockenden Sätzen wurde, als er um Opfer bat. Er wußte, er brauchte Spenden, um die Fernsehsender zu bezahlen, die sein Programm ausstrahlten, und um Gehälter und andere Rechnungen zu zahlen. Mir fiel auch auf, daß er dabei eine Miene aufsetzte, als wolle er sich dafür entschuldigen, daß er überhaupt um Geld bat. Ich fühlte mich dann wieder, wie ich mich als Junge gefühlt hatte, wie der Sohn des Predigers, der sein Leben dem Evangelium verschrieben hatte, der jedoch niemals in der Lage war, um Unterstützung für seine eigenen Bedürfnisse zu bitten.

Wenn dieser Mann die Wahrheit über Jesus gewußt hätte, d. h., wenn er erkannt hätte, daß Jesus nicht arm war, und wenn er seinen Zuhörern eine richtige Auslegung dieser falsch interpretierten Bibelstellen gegeben hätte, dann wäre es seinen Zuschauern eine Hilfe gewesen. Sie hätten erkannt, daß die Gnade des Gebens eine wunderbare Sache ist, die für das Reich Gottes auf dieser Erde, für die Menschheit insgesamt und auch für sie selbst persönlich von überragender Bedeutung ist. Hätte er diese Bibelstellen richtig verstanden, wäre seine Einstellung völlig anders gewesen, und er hätte seine Zuschauer in positiver Richtung beeinflußt. Menschen lernen immer mehr durch das Verhalten eines anderen, als durch dessen Worte. Die Bibelstelle, auf die er sich hätte stützen müssen, ist der Satz Jesu: »Der Arbeiter ist seines Lohnes wert« (Luk 10,7). Er hätte es als eine Ehre empfinden müssen, ein Diener am Evangelium zu sein, und es als ein Vorrecht ansehen, den Menschen, denen er dient, die Gelegenheit zu geben, seinen Dienst zu unterstützen.

Wenn du deswegen schlecht von dir selbst denkst, weil du die wichtigste Arbeit auf Erden tust; wenn du mit einer Armesündermiene herumläufst und dich dafür entschuldigst, das zu erbitten – oder zu erwarten –, was dir von Rechts wegen zusteht, dann wirst du am Ende dem Werk Gottes schaden, und dein Mangel an Selbstwertgefühl wird die Wirkung deines Dienstes für Gott verringern. Doch das Traurigste von allem ist, daß es dein Denken spaltet, so wie es mit meinem Vater geschah. Wenn der Lohn, dessen du nach Jesu Aussage wert bist, ausbleibt, wirst du eine innere Traurigkeit in dir tragen, die deine Begeisterung lähmt. Solltest du jedoch viel Geld bekommen und dich darüber freuen, wirst du stets dazu neigen zu glauben, daß du kein Anrecht auf so viel hast. Und das werden die Menschen bei dir als negativen Faktor empfinden. In diesem Sinn war es, daß mein Vater meiner Meinung nach gespaltenes Denken hatte.

Nirgendwo in Gottes Wort habe ich gesehen, daß sich Jesus seines Hauses geschämt hätte. Niemals hat er sich für seine Kasse entschuldigt. Er trug sein einzigartiges Gewand, ohne sich zu genieren. Er akzeptierte mit Freuden, daß diejenigen, die er errettet und geheilt hat, ihm mit ihrem Geld dienten. Er wußte, er würde im Grab eines reichen Mannes begraben werden, und er hatte nichts dagegen.

Ich bin aufrichtig davon überzeugt, daß jeder von uns soviel Geld haben sollte, wie er braucht, außer in den Zeiten, wo Mangel zu leiden der Ehre Gottes und unserer eigenen Heiligung dient. Natürlich müssen wir gewillt sein zu arbeiten und eine gute Leistung zu erbringen. In meiner Einstellung, in meiner Arbeit, in meinem Glauben und in meinem festen Willen, von dem zu ernten, was ich gesät habe, bin ich ganz und gar darauf angewiesen, daß meine Bedürfnisse »nach seinem Reichtum in Herrlichkeit in Christus Jesus« (siehe Phil 4,19) erfüllt werden. Und ich habe mich entschlossen, soweit ich kann, anderen zu helfen, daß sie das erhalten, was sie benötigen.

Kapitel 3
Jesu Grundeinstellung

Alles ist Einstellungssache. Deine ganze Einstellung zur angeblichen Armut Jesu muß sich ein für allemal ändern. Es gibt keinen Mittelweg. Jesus war nicht arm und litt Mangel nur in besonderen Situationen, wie zum Beispiel bei der genannten Episode in Samaria. Es ist offensichtlich, daß die Einstellung Jesu die folgende war: Gott hatte ihm alle Mittel zur Verfügung gestellt, damit er und seine Jünger ihren Dienst tun konnten.

Einmal hatten er und seine Jünger das Geld für die Tempelsteuer nicht zur Hand. Da es keinen irdischen Weg gab, an das Geld zu kommen, gab er Petrus den Glaubensbefehl: »Geh an den See, wirf eine Angel aus« (Mt 17,27). Obwohl Petrus diesen Befehl nicht verstehen konnte, setzte er seinen Glauben in Aktion und tat, was Jesus ihm befohlen hatte. Der erste Fisch, den er fing, hatte ein Geldstück im Maul. »Nimm es«, sagte Jesus, »und bezahle unsere Tempelsteuern.«[1] Dies war ganz eindeutig ein Wunder.

---

1 Anm. des Verlages:
Das Wunder von Matthäus 17,27 hat noch folgenden Hintergrund. Weil das römische Geld, welches die offizielle Währung in Palästina war, ein Bild des Kaisers trug, war es für die Zahlung der Tempelsteuer nicht zugelassen. Im Tempel gab es deswegen Geldwechsler, die römisches Geld in die »heilige« Tempelwährung umwechselten. Jesus hatte Geld! Aber er hatte nicht die Tempelwährung. Da die

Jesus war so entschlossen, nicht arm zu sein und immer genügend Geld zu haben, um alle Rechnungen bezahlen zu können, daß er seinen Glauben in Aktion setzte und ein Wunder mit diesem Fisch bewirkte. Und da einer seiner Jünger glaubte, konnte es geschehen, und es geschah.

Wenn du dir diese Überzeugung aneignen kannst, daß der Glaube dort einen Weg bereitet, wo menschlich gesehen kein Weg ist, und wenn du deinen Glauben freisetzt, dann wird die Wunder vollbringende Kraft Jesu auch dir das nötige Geld in die Hand geben.

Doch wenn du dem Reichtum Gottes gegenüber, den er auf dieser Erde und im Himmel hat, eine ablehnende Haltung einnimmst, auf der Erde, auf der du lebst, und im Himmel, wohin du unterwegs bist, dann wird Satan dir deinen Anteil an Gottes Versorgung stehlen. Selbst die Vorstellung, es könnte dem Worte Gottes entsprechen, daß du Geld hast, weil du nach dem Willen Gottes lebst, wird er dir wegnehmen.

Jesus sagte: »Satan hat nichts in mir« (siehe Joh 14,30). Das heißt, Satan fand in Jesus keinen Haken, an den er seine Ideen hatte aufhängen konnen. Hast du Satan erlaubt, etwas in dir zu

---

Pharisäer ständig darauf lauerten, Jesus beim Gesetzesbruch (und dazu gehörte auch der Besitz des Bildnisses des Kaisers) zu ertappen, ließ er dieses Wunder geschehen. Petrus fand im Maul des Fisches die Tetradrachme, den Schekel des Heiligtums. Die Tempelsteuer betrug einen halben Schekel.
Vergleiche Heinz Schröder *Jesus und das Geld*. 1979 Bedenia Verlag Karlsruhe

haben? Wie steht es mit deiner Einstellung zu Geld? Was glaubst du, wem der Reichtum dieser Erde gehört? Gott oder Satan? Hast du je darüber nachgedacht? Weißt du, was die Bibel darüber sagt?

Bist du dir nicht sicher, ob Gott ein guter Gott ist? Hast du Angst, er könnte sich um dich nicht kümmern? Und wenn es dir gut geht, gibst du dann Gott die Ehre dafür? Machst du deine Finanzen zu einem geistlichen Dienst für Jesus? Zahlst du deinen Zehnten? Oder glaubst du, daß du durch das Geben des Zehnten und der Opfer an Gott dich selbst ärmer machst und fürchtest du deshalb um deine Zukunft? Du siehst, es ist eine Sache der Einstellung. Und du bist es, der bestimmt, welche Einstellung du dem Geld gegenüber hast.

Da dieses Buch beweisen soll, daß Jesus nicht arm war, und da ich ihn deshalb in allen Dingen, einschließlich Geldangelegenheiten, als Beispiel hinstelle, möchte ich dich darauf hinweisen, daß es – geistlich, körperlich und finanziell – für dich und deine Familie ein erfüllteres, reicheres Leben gibt. Aber um es zu erlangen, mußt du gegen Satan ankämpfen. Es wird vom Anfang bis zum Ende ein Kampf sein, der in deinem innersten Wesen beginnt und daher deine gesamte Existenz umfaßt.

Sechs Wege, deine Einstellung zu überprüfen

Erstens: Jesus arbeitete, und auch du mußt arbeiten. Bei Gott gibt es keinen Nulltarif. Es gibt keinen Ersatz für ehrliche, harte Arbeit und den Einsatz von Intelligenz. Du mußt das Vertrauen derer gewinnen, für die du arbeitest, oder derjenigen, die für dich arbeiten.

Zweitens glaubte Jesus, daß das Geld von Gott kommt und daß Gottes Kinder ein Anrecht auf alles haben, was Gott gehört. Jesus hatte keine Schuldgefühle wegen seines Hauses, seiner Kasse, seines nahtlosen Gewandes oder wegen der vielen Menschen, die ihm mit ihrem Vermögen dienten. Er fand es gut, daß er genug Geld hatte, um den Armen zu geben (denn wäre er mittellos gewesen, hätte er den Armen nichts geben können).

Gleichzeitig ließ sich Jesus nie vom Geld beherrschen. Er liebte das Geld nie um des Geldes willen, denn er wußte, daß »die Wurzel alles Bösen die Geldliebe« ist (1. Tim 6,10). Geld ist nicht die Wurzel alles Bösen. Aber die Liebe zum Geld und die übermäßige Gier danach ist die Wurzel alles Bösen. Jesus machte das Geld zu seinem Diener, um Gutes zu bewirken. Er war gut, also war auch sein Geld gut.

Drittens gab es Situationen, in denen Jesus durch den Glauben zu Geld kam, und manchmal war dabei sogar ein Wunder nötig. Er machte den himmlischen Vater zu seiner Quelle, und nicht Menschen oder Manipulationen. Wenn eine irdische Quelle versiegte, wenn ihm zum Beispiel nicht die richtige Geldmünze zur Verfügung stand, um seine Steuern zu bezahlen, setzte er seinen Glauben und den Glauben von Petrus in Aktion, um die nötige Münze durch ein Wunder zu erhalten. Jesus trennte das Natürliche niemals vom Übernatürlichen. Nach seiner Ansicht gehörten alle Dinge Gott, und Gott war die Quelle aller Dinge.

Viertens praktizierte Jesus den Saatglauben, indem er sagte, »Wenn ihr Glauben habt wie ein Senfkorn, so werdet ihr zu diesem Berg sagen: Hebe dich hinweg von hier dorthin! und er wird sich hinwegheben. Und nichts wird euch unmöglich sein« (Mt 17,20).

Es gibt drei Wege des Saatglaubens, auf die sich Jesus hier bezieht. Erstens: Gott ist deine Quelle, und du erreichst Gott durch deinen Glauben. Deshalb sagt Jesus, daß du deinen Glauben zu einem Saatkorn machen sollst, wie klein er auch sein mag. Er erwähnt das Senfkorn, weil es das kleinste aller Saatkörner ist, und so deutet er an, daß selbst der kleinste Glaube wachsen und auf natürliche wie auch auf übernatürliche Weise Früchte tragen kann. Zweitens: Du mußt den Samen zuerst säen. Das heißt, daß du deine Saat mit deinem Glauben »vermischst«. Drittens: Nachdem *du deine Saat gesät hast, sprich* zu deinem Berg, und sage ihm, daß er sich aus deinem Leben hinwegheben soll. Erwarte ein Wunder!

Gott ist deine Quelle.

Säe deine Saat und sprich das Wort.

Erwarte ein Wunder.

Wenn du diese drei Dinge tust, dann, sagt Jesus, »wird dir nichts unmöglich sein«.

Ich sage dir noch einmal: deine Einstellung ist entscheidend. Was immer in deinem Geist ist, Glaube oder Zweifel, – es wird herauskommen. Die Einstellung, ob positiv oder negativ, wird sich immer bemerkbar machen. Bei der Einstellung gibt es keine Zufälle. Die äußere Haltung richtet sich ausnahmslos nach der inneren Einstellung. Sobald du aufhörst, Gott als deine Quelle zu betrachten, verliert alles, was in deinem Leben von Wert ist, seine Bedeutung. Wenn du aber Gott als deine Quelle für alle Dinge ansiehst, dann wird folgendes geschehen: wenn dann eine Methode fehlschlägt, wird er dir eine andere zeigen. Gott hat buchstäblich die Kontrolle über alle Quellen der Versorgung, die erwarteten und die unerwarteten, und indem du ihm vertraust, gibt er dir einen direkten Zugang zu seinem Reichtum. Und dieser Reichtum wird nie versiegen, weil er unendlich ist. Gott versagt nie!

Fünftens hatte Jesus den Geist eines Vollenders. Er gab nie auf, obwohl er oft Anlaß dazu gehabt hätte. In Nazareth versuchte man, ihn zu töten, als er das Evangelium verkündete. In Kapernaum stieß er auf totale Ablehnung, ausgerechnet nachdem er dort seine größten Wunder getan hatte. In Samaria verwehrten sie ihm den Zutritt zu ihren sozialen und religiösen Kreisen. In Gethsemane hätte er zwölf Legionen von Engeln herbeirufen können, und es wäre ihm erspart geblieben, am Kreuz zu sterben, doch er weigerte sich, die Engel zu rufen. In Jerusalem schrien sie: »Kreuzigt ihn! Kreuzigt ihn!«

Als er am Kreuz hing, wandte sich Gott von ihm ab, und er rief: »Mein Gott, mein Gott, warum hast du mich verlassen?« In diesem entscheidenden Augenblick ließen ihn auch seine Jünger im Stich und flohen.

Doch Jesus hielt durch. Er gab nicht auf. Als der letzte Tropfen Blut seinen geschundenen Körper verließ und als er sah, daß er Gott mit seinem ganzen Leben gehorcht hatte, erhob er die Stimme und rief: »Es ist vollbracht!« Dann ließ er seinen Kopf auf seine blutleere Brust fallen und sagte: »Vater, in deine Hände übergebe ich meinen Geist.«

Jesus war ein Vollender!

Ein Vollender zu sein – das ist es, was Paulus meint, wenn er vom Säen des Saatglaubens spricht. In Galater 6,9 sagt er: »Laßt uns aber im Gutestun nicht müde werden, denn zur bestimmten Zeit werden wir ernten, wenn wir nicht ermatten.« WENN DU NICHT AUFGIBST!

Sechstens hörte Jesus auf den himmlischen Vater, nicht auf die Menschen. Petrus machte ihm Vorhaltungen, weil er gesagt hatte, er müsse nach Jerusalem gehen und sterben. Jesus sagte: »Geh hinter mich, Satan! Du bist mir ein Ärgernis, denn du sinnst nicht auf das, was Gottes, sondern auf das, was der Menschen ist« (Mt 16,23).

Jesus war nur auf die Wellenlänge Gottes eingestellt und weigerte sich, auf die Wellenlänge umzuschalten, auf der Petrus hörte.

In den Tagen des Morsealphabets, als unser Kommunikationssystem mit den Punkten und Strichen des telegraphischen Systems arbeitete, wurde bei einer Behörde ein Morsefunker gesucht. Kaum war die Stelle ausgeschrieben, war das Personalbüro schon mit Bewerbern gefüllt. Sie saßen den ganzen Morgen da – und warteten.

Ein junger Mann kam herein und machte Anstalten, sich zu setzen, richtete sich aber plötzlich wieder auf, drehte sich um und ging durch eine Tür. Kurz darauf kam er wieder heraus. »Sie können alle nach Hause gehen, ich habe den Job.« sagte er.

»Was soll das heißen, Sie haben den Job? Sie sind gerade erst gekommen, und wir warten hier schon den ganzen Vormittag«, erwiderten die anderen ärgerlich.

»Haben Sie nicht die Punkte und Striche gehört?«

»Wir haben ein Geräusch gehört.«

»Nun, das Geräusch, das Sie gehört haben, waren die Punkte und Striche des Telegraphen, und die Nachricht lautete: ›Können Sie mich verstehen? Können Sie mich verstehen? Wenn Sie mich verstehen können, kommen Sie herein, und die Arbeitsstelle gehört Ihnen.‹ Nun, ich habe das Morsealphabet gelernt und konnte die Nachricht verstehen.« Manchmal scheint Gott zu sprechen, ohne daß wir irgendwelche Erwartungen hätten, aber das ist nicht die Regel. Jesus sagte: »... die Werke, die der Vater mir gegeben hat, daß ich sie vollbringe« (siehe Joh 5,36), damit will er sagen, daß er immer bereit war. Er hörte immer zu. Er rechnete immer damit, daß Gott zu ihm reden wird. Und wenn Gott zu ihm sprach, dann *hörte er*. Was die Menschen betrifft, so war er darauf eingestimmt, auf ihre Bedürfnisse, ihre Schreie und ihren Glauben zu hören. Doch wenn er Weisung brauchte, hörte er auf seinen Vater... und nur auf ihn.

Ein bekannter Arzt in Tulsa lud mich ein, mit ihm Golf zu spielen. Nach dem Abschlag am ersten Loch sagte er: »Oral, würden Sie mir sagen, wie man Gottes Stimme hört?« Und das war alles, worüber wir sprachen. Das war der wahre Grund, warum er mit mir Golf spielen wollte.

Warum? Als Arzt war er sehr erfolgreich, aber sein ganzes übriges Leben war verpfuscht. Er ging in die Kirche, er war nett und freundlich, aber die Tatsache, daß er bei seinen Geldanlagen und in anderen Fragen seines Lebens auf Menschen hörte, hatte ihn in die Nähe des Ruins gebracht. Jetzt wollte er wissen, wie man auf Gott hört.

Man lernt am besten, auf Gott zu hören, indem man eben zuhört. Wenn du eine Predigt hörst, warte auf das eine Wort, auf den einen Gedanken, der sich von den Worten und Gedanken der Menschen unterscheidet.

Wenn du ein Buch liest, halte Ausschau nach der einen Idee, auf die dein Geist anspricht und von der du weißt, daß es nicht die Idee eines Menschen ist. Du hast in dir ein von Gott geschaffenes »Ohr, um zu hören«. Aber du mußt die Stimmen der Menschen von der Stimme Gottes unterscheiden lernen. Seine Stimme ist anders.

Ich habe festgestellt, daß ich, wenn Gott zu mir spricht, Worte höre, die so zusammengesetzt sind, wie es ein menschlicher Intellekt es nicht fertigbringt. Die Worte Gottes befinden sich immer im Einklang mit der Bibel, sie sind immer praktisch, sie kommen immer sofort zum Kern der Sache. Und sie veranlassen dich immer, *Gutes* zu tun, nicht Böses.

Aber höre nicht nur zu. Erwarte, daß Gott wirklich zu dir spricht. Die ganze Bibel ist eine gewaltige Rede Gottes an dich. Wenn du die Bibel liest und studierst oder sie hörst, dann erwarte, daß plötzlich ein Wort oder eine Aussage »herausspringt« und dich persönlich anspricht. Dieses Wort ist für dich da. Verpasse es nicht.

Zuhören. Erwarten. Vergiß nicht, dich auf den Heiligen Geist zu verlassen. Er ist der unbegrenzte, unsichtbare Geist, und er macht es möglich, daß Christus in dir ist, wenn du ihm erlaubt hast, dich zu erfüllen. Er ist eine Person. Und Personen sprechen. Der Heilige Geist spricht. Alles, was Jesus auf dieser Erde war, ist er jetzt in seiner unbegrenzten, unsichtbaren Gegenwart in dir! Sprich deine Gedanken dem Heiligen Geist gegenüber aus, als stände Jesus neben dir. Laß es zu einem Gespräch kommen. Gott ist nicht tot, du bist nicht tot – SPRECHT MITEINANDER!

Der tiefere Grund für meine Überzeugung, daß Jesus nicht in dem Sinne, wie die meisten Menschen glauben, arm war, besteht darin, daß Armut auf negative Weise alles durchdringt, doch die Einstellung Jesu konnte durch nichts Negatives beeinflußt werden.

Hatte er zeitweise kein Geld zur Verfügung? Gelegentlich scheint das so gewesen zu sein. Doch das ging nie so weit, daß sein Geist von der Armut durchdrungen wurde oder daß die Armut in seinem Leben oder in dem seines Teams eine entscheidende Rolle gespielt hätte. Hat man ihm zeitweise Unterkunft verweigert, wie zum Beispiel in Samaria? Ja. Aber das konnte ihn nie daran hindern, die Werke seines Vaters zu tun.

War er in Gefahr? Oft sogar. Aber sie konnten seine Einstellung nicht ändern, bis er die Worte ausrief: »Vater, es ist vollbracht!« Es gelang ihnen nicht, seinen Geist zu brechen. Er sagte: »Vater, in deine Hände gebe ich meinen Geist.« Seine Einstellung war die eines Vollenders!

Meiner Meinung nach ist es Satans List, uns einzureden, daß das Christentum ein schwacher Glaube ist, daß Jesus Seine finanziellen Bedürfnisse nicht befriedigen und uns kein Beispiel dafür geben konnte, daß wir unseren Glauben dafür einsetzen können, unsere Bedürfnisse zu befriedigen.

Arm zu sein, mit der Armut konfrontiert zu werden – das ist etwas, das wir nur ertragen und überstehen können, wenn wir unsere Einstellung ändern. Ich mag besonders, was Paulus in 2. Korinther 2,14 sagt: »Gott aber sei Dank, der uns allezeit im Triumphzug umherführt in Christus und den Geruch seiner Erkenntnis an jedem Ort durch uns offenbart!«

»Allezeit im Triumphzug« heißt, in jeder Weise, zu jeder Zeit und auf allen Stufen des Erfolges.

Was steht in diesem Augenblick vor dir wie ein zähnefletschender Hund? Drängende Geldsorgen? Akute gesundheitliche Probleme? Seelische Nöte? Familiäre Schwierigkeiten? Oder andere schwerwiegende Sorgen? Auch ich stelle mir diese Fragen. Ich weiß, daß Jesus mit den drängendsten Sorgen, die man sich nur denken kann, konfrontiert war, mit Sorgen, die möglicherweise außerhalb unserer Vorstellungskraft liegen.

Die Tatsache, daß Jesus selbst darüber bestimmte, wie seine innere Einstellung war, bewahrte ihn davor, arm und mittellos zu werden, obwohl es in seinem Leben unzählige Anlässe dazu gegeben hätte. Ich folgere daraus, daß unserer Einstellung in unserer jeweiligen Situation eine ebenso wichtige Bedeutung zukommt. Stimmst du mir zu?

Dann – mit dem Leben Jesu als Beispiel vor Augen, der Bibel, die er uns gab, dem Heiligen Geist, den er uns sandte, der inneren Haltung eines Vollenders, die er uns vorlebte – laß uns doch unsere Einstellung ändern! Fangen wir jetzt damit an!

Kapitel 4
Die Wahrheit über Geld erfahren

Die finanziellen Probleme im Leib Christi kommen zum größten Teil daher, daß man unbewußt die Auffassung vertritt, für die Verwaltung von Geld sei die »Welt« zuständig. Und so lassen wir praktisch zu, daß Satan allen Reichtum an sich reißt und ihn denen in die Hand gibt, die nicht Gott an die erste Stelle in ihrem Leben stellen. Dies weist den Gläubigen in den Augen der Welt den Status von Menschen zweiter Klasse zu.

Ein weiterer schwerwiegender Fehler im Leib Christi in finanzieller Hinsicht wird begangen, wenn Gläubige wohlhabend und einflußreich werden und entweder das Gefühl bekommen, über das »enge Denken« der Gemeinde hinausgewachsen zu sein, oder sie lassen es zu, daß sie von ihrem Geld beherrscht werden. Wenn sie Mitglied einer Gemeinde bleiben wollen, wechseln sie meist zu einer Gemeinde über, wo wenig Einsatz von ihnen verlangt wird, oder sie ziehen sich vom geistlichen Leben völlig zurück und entschuldigen sich damit, daß sie sagen: »Ich muß ja nicht unbedingt ein religiöser Fanatiker sein. Ich habe Geld, und außerdem wird Gott schon irgendwie dafür sorgen, daß ich in den Himmel komme.«

Solange solche Menschen nur kleine Gehälter oder kleine Geschäftsgewinne haben, sind sie oft eifrige Zehnten-Geber und Zeugen für den Herrn. Sobald sie aber reich werden und an Macht und Einfluß gewinnen, verlassen sie allzu oft ihr geistliches Erbe und gehen auf den Wegen der Welt.

Ich habe viele solcher Leute getroffen. Wenn sie gewillt waren zu reden oder wenn sie mich um meine Meinung fragten, mußte ich oft feststellen, daß irgendwo in ihrem Unterbewußtsein noch die Überzeugung lauerte, daß Jesus arm gewesen war. Nachdem sie selbst aufgehört hatten, arm zu sein, aber noch geistlich gesinnt waren, sahen sie sich einem echten Dilemma gegenübergestellt. Zunächst einmal fiel es ihnen jetzt schwerer, ihren Zehnten aus einem größeren Einkommen zu geben als früher aus einem kleineren. Gaben sie ihren Zehnten jedoch treu weiter, was zur Folge hatte, daß ihr Vermögen weiterhin wuchs, überkamen sie plötzlich Schuldgefühle, daß allein die Tatsache, daß sie jetzt wohlhabend waren, vor Gott ein Unrecht darstellte. Die anderen Reichen behandelten sie jetzt mit mehr Hochachtung, doch die mehr hingegebenen Christen fühlten sich durch ihren Wohlstand abgestoßen oder verdächtigten sie gar, ihr Geld auf unehrliche Weise erworben zu haben.

Ein anderes Problem ergibt sich, wenn wirklich fähige Menschen ihr Leben Gott übergeben und gelehrt werden, ihren Zehnten und Opfer zu geben, ohne daß ihnen gleichzeitig beigebracht wird, daß Gott den Menschen seinerseits »die Türen des Himmels öffnet«. Sie wissen nicht, daß es in Gottes Plan ist, die ausgesäte Saat zu vervielfachen und Geben mit Empfangen und Säen mit Ernten zu verbinden, und daß wir großzügig geben und gleichzeitig in ständiger froher Erwartung leben dürfen. Kommt dann der Segen, wird es oft nur zögernd und sogar mit einem Schuldgefühl angenommen, als ob es ein Unrecht wäre, von Gott eine Gegengabe zu empfangen.

Auch Prediger müssen diese Gefühle überwinden

Meiner Meinung nach resultiert all dieser Unsinn aus der falschen Überzeugung, daß Jesus angeblich arm war und daß Armut unabdingbarer Bestandteil des Christseins ist.

Bester Beweis für meine Behauptung sind die Pastoren, die 1948 gemeinsam mit mir meine erste Evangelisation in dem großen Zelt organisiert hatten. Ihren Gemeinden ging es finanziell schlecht, und sie und ihre Familien lebten von einem so geringen Einkommen, daß sie wirklich Not litten. Ihnen erging es genauso wie meiner Familie, als mein Vater sich den falsch interpretierten Bibelstellen, die angeblich besagen, daß Jesus arm war, verpflichtet fühlte.

Als der Besuch unserer Veranstaltungen zu wachsen begann und Tausende in das Zelt strömten und die Opfer groß genug waren, um die

Rechnungen zu bezahlen, sammelten meine beiden Kollegen ein Liebes-Opfer für mich und Evelyn ein. Es kam eine ziemlich große Summe zusammen. Nachdem Evelyn und ich davon unseren Zehnten gegeben hatten, legte mir der Herr diese zwei Pastoren ans Herz. Ich ging zu ihnen, öffnete meine Brieftasche und nahm zwei Zwanzig-Dollar-Noten heraus und gab jedem eine. (Das war damals sehr viel Geld!). »Oh nein, Oral«, sagten sie, »das können wir von dir nicht annehmen.«

Da waren also diese Männer Gottes, die regelmäßig ihren Zehnten gaben, harte Arbeiter, Männer des Glaubens, die alles Menschenmögliche getan hatten, um meine Evangelisation in ihrer Stadt zu ermöglichen. Sie hatten finanzielle Bedürfnisse, aber als ich ihnen etwas Geld anbot, meldeten sich bei ihnen wieder die unbewußten Schuldgefühle und sie meinten, sie dürften nichts als Gegengabe annehmen. Ich versuchte, ihnen das Geld aufzudrängen, und als sie immer noch ablehnten, wollte ich schon die beiden Zwanziger wieder in meine Tasche stecken. Blitzschnell griffen sie zu und nahmen mir das Geld aus der Hand.

Ich sagte: »Brüder, was soll das heißen? Eben wolltet ihr doch das Geld nicht haben.«

Sie schauten etwas betroffen drein, hatten aber keine Erklärung für ihr Verhalten.

Gott hatte mich bewegt, diesen beiden ein Opfer von meinem eigenen Geld zu geben, und zuerst hatte diese alte negative Doktrin sie zu einer falschen Bescheidenheit verleitet. Doch bevor ich das Geld in meine Brieftasche zurückstecken konnte, hatte sich der positivere Teil ihrer Persönlichkeit durchgesetzt, und sie rissen mir die Zwanzig-Dollar-Noten aus der Hand. Gott hatte ihnen ein finanzielles Wunder geschickt, und sie hätten es um ein Haar an sich vorübergehen lassen.

Am Ende dieser dreiwöchigen Evangelisation gab Gott mir eine besondere Salbung, darüber zu lehren, daß Jesus gekommen war, damit wir die Erlösung des ganzen Menschen und den Segen eines Lebens im Überfluß haben können. Meine beiden Amtsbrüder kämpften sich durch das Dickicht ihrer falschen Theologie durch und distanzierten sich von der falschen Auslegung der Bibel in bezug auf die angebliche Armut Jesu. Sie und ihre Familien hatten völlig unnötigerweise gelitten. Aber auch die Menschen in ihren Gemeinden wurden ständig beraubt, weil sie trotz ihrer Zehnten und Opfer die Wunder Gottes, die er ihnen schickte, an sich vorübergehen ließen. In meinen Augen war dies eine Schwäche, durch die Satan Geld stahl, das Gott ihnen geben wollte, und dadurch, daß sie arm waren, wurde ihr christliches Zeugnis vor der Welt wirkungslos.

Das alles war mir schon damals zuwider, und heute finde ich es noch viel abscheulicher, wenn ich sehe, wie Satan, der Gott dieser Welt, die riesigen Mengen von Gottes »Silber und Gold« kontrolliert, während Gottes geisterfüllte »Zeichen- und Wunder«-gläubige Kinder so wenig haben.

Es ist weder Gottes Schuld noch sein Wille! Das ist nicht die Lehre der Bibel! Das ist nicht das Vorbild, das Jesus uns gibt! Es geschieht nur dadurch, daß zu viele ehrliche Kinder Gottes, sich nicht die Zeit genommen bzw. kein Interesse daran haben, die Wahrheit Gottes über ein Leben im Überfluß herauszufinden, und deshalb völlig falsche Vorstellungen haben. Du sagst, du glaubst der Bibel? Du erklärst, daß Jesus Christus dein Erlöser und Herr ist? Nun, dann werde wach und betrachte die Aussagen der Bibel in richtigem Zusammenhang – auch die Stellen, in denen vom Geld die Rede ist, Geld, ohne das du weder leben noch deine Rechnungen bezahlen noch Gott etwas geben kannst. Was ist mit dieser Bibelstelle: »Er [der Herr] ist es, der dir die Kraft gibt, Vermögen zu schaffen« (siehe 5. Mose 8,18)? Wenn es Gott ist, der dir die Fähigkeit und den Glauben geschenkt hat, das Geld zu verdienen, das du zum Leben brauchst, und wenn nun von diesem Geld etwas übrigbleibt, warum akzeptierst du es dann nicht als einen Teil deiner persönlichen Beziehung zu Gott? Warum machst du es nicht zu einem wesentlichen Bestandteil deiner Einstellung, statt zu ignorieren, was dein himmlischer Vater sagte? Warum beginnst du nicht gleich jetzt damit?

Wie steht es mit der Aussage von Sprüche 13,22: »Der Gute vererbt auf Kindeskinder, aber das Vermögen des Sünders wird aufbewahrt für den Gerechten«? Wenn Gott das Vermögen der Sünder für Sein Volk aufbewahrt, warum duldest du es dann so leichten Herzens, daß diese Sünder ein Vermögen besitzen, während du so wenig hast? Kannst du deinen Glauben und deine ehrliche Arbeit nicht dafür einsetzen, deinen Anteil an dem Reichtum zu verdienen, den Satan durch die Sünder von dir und allen Kindern Gottes stehlen ließ?

Wenn du nur den Aussagen des Wortes Gottes über die Geldbeträge, die Gott für dich bereithält, glauben wolltest; wenn du nur jedesmal, wenn du deinen vollen Zehnten und deine Opfer von jeder Summe, die du verdienst, Gott als Saat gibst, und auch gleichzeitig deinen Glauben freisetzen und eine Gegengabe von Gott erwarten würdest – wachsam darauf achtend, was er dir »wie aus heiterem Himmel« senden mag – dann würdest du in den Genuß dieses »Lebens im Überfluß« kommen, und zwar in allen Bereichen deiner Existenz.

Noch nie wurde die Gelegenheit, Gottes Wort über die Erlösung, die Heilung, das Zeugnisablegen, die Zehnten und Opfer, den Saatglauben und das Geben und Empfangen zu hören, so reichlich geboten wie heute. Die Prediger entdecken ihre eigene Verantwortung im Sinne der Aussage Jesu, daß »der Arbeiter seines Lohnes wert« ist (Lk 10,7), und der Aussage des Paulus: »Du sollst dem Ochsen, der da drischt, nicht das Maul verbinden« (1. Kor 9,9). Oder im Klartext: Du sollst den

Ochsen, der drischt, nicht daran hindern, soviel zu fressen, daß er bei Kräften bleibt.

Und die Prediger prüfen Gott, wie er in Maleachi 3,10 sagte, indem sie den ganzen Zehnten, von den Einnahmen der Gemeinde und von ihrem eigenen Einkommen, in das Vorratshaus Gottes bringen, indem sie verschiedene Missionswerke unterstützen. Und sie erleben, daß Gott ihnen die Fenster des Himmels öffnet.[1] Auf diese Weise bekommen sie den Beweis, daß Gott hält, was er verspricht, und dadurch haben sie auch den Mut, den Menschen ihrer Gemeinde in die Augen zu sehen und ihnen zu sagen, welch große Ehre es ist, Gott seinen Zehnten und seine Opfer zu geben. Die Pastoren können ihren Gemeinden zusichern, daß Gott ihnen die Fenster des Himmels öffnen wird, wenn sie ihren Zehnten geben, und daß sie wiederum von Gott einen reichen Segen empfangen werden – *ihr ganzes Leben lang!*

Es gibt eine andere Schwäche, durch die Satan dein Geld und all die finanziellen Mittel stiehlt, die wir nach Gottes Willen haben sollen. Ich spreche hier von Unehrlichkeit im Umgang mit anderen. In Sprüche 16,11 steht geschrieben:

---

1 Anm. des Verlages:
In den USA gibt es keine Landeskirchen, die aus Kirchensteuern finanziert werden. In der Regel muß sich die einzelne Gemeinde aus den Zehnten ihrer Glieder finanzieren. Deshalb hat auch der Pastor oder der Gemeindevorstand das Recht, die Gelder selbst zu verwalten. Daher ist es üblich geworden, nicht nur für den Pastor selbst, daß er den Zehnten aus seinem Gehalt gibt, auch die Gemeinde gibt aus ihren Einnahmen den Zehnten an Missionare, Notleidende oder andere Werke, die der Unterstützung bedürfen.

»Waagbalken und rechte Waagschalen sind Sache des Herrn, und sein Werk sind alle Gewichtsteine im Beutel.«

Gott liebt »ehrliche Gewichte« und bestraft unehrliches Geschäftsgebaren. Du kannst dich darauf verlassen, daß solche Unehrlichkeit offenbar wird.

Ein Bauer und ein Bäcker

Ein Bauer und ein Bäcker trafen sich und kamen überein, regelmäßig ein Pfund Butter gegen einen großen Laib Brot zu tauschen. Nach einiger Zeit merkte der Bauer, daß sein großer Laib Brot offensichtlich immer kleiner wurde. Er war sich dessen ganz sicher.

Eines Tages sprach er den Bäcker darauf an; der antwortete: »Kommen Sie bitte einen Augenblick herein.« Er legte das letzte Pfund Butter des Bauern auf die Waage. »Sehen Sie selbst,« sagte er, »was die Butter wirklich wiegt.« In aller Offenheit antwortete er: »Wir haben beide ein bißchen betrogen, nicht?« An Ort und Stelle entschlossen sie sich, von nun an mit Gott und miteinander ehrlich zu sein und so etwas nie mehr vorkommen zu lassen.

Ich hörte von einem Bruder, der sich über Gott beklagte. »Gott, von deinem Reichtum brauche ich eine ganze Schaufel voll, doch ich habe den Eindruck, du gibst ihn mir nur teelöffelweise.« Im Geiste hörte er Gott antworten: »Dann höre auf, meinem Werk nur teelöffelweise zu geben, und ich werde mich darum kümmern, daß du deine Schaufel voll bekommst.«

Doch was ist mit Judas, wird jemand fragen, der ein Betrüger und ein Dieb war. Warum wählte ihn Jesus als einen der zwölf Apostel aus, und warum machte er ausgerechnet ihn zu seinem Kassenwart?

Nun, die Bibel sagt nicht, daß Judas ein schlechter Mensch war, als Jesus ihn zu einem der Zwölf machte.

Judas gehörte zum Mitarbeiterteam Jesu, ein fähiger Mann Gottes, der gut zu den anderen Elf paßte, die mit ihm gemeinsam die Kranken heilten und die Teufel austrieben und die klug umgingen mit dem Geld, mit dem die Menschen Jesus dienten. Als Judas sich entschloß, dem Teufel Einlaß zu gewähren, verlor er sowohl geistlich als auch in finanzieller Hinsicht seine Integrität.

Es gab einen Judas, der gut und vertrauenswürdig war. Es gab einen Judas, der Satan Einlaß gewährte, und dieser Judas entschied sich, lieber den Plänen des Teufels zu folgen als Jesus zu gehorchen. Später gab dieser Judas auf. Als er sah, was er angerichtet hatte, indem er Jesus verraten hatte. Er erkannte, daß das Geld, das er für seine gemeine Tat erhielt, ihn nicht glücklich machen konnte, und er beging Selbstmord.

Ich behaupte, daß es nicht das Geld war, das Judas ruinierte. Er ruinierte sich selbst. Er ließ es so weit kommen, daß das Geld ihm mehr bedeutete als Jesus. Die Liebe zum Geld wurde zu einer Wurzel in seinem Herzen, und das machte ihn zu einem bösen Menschen – obwohl er bereits ein Jünger Jesu, ein Apostel und Jesu Kassenwart gewesen war.

Geld ist neutral. Es erhält die moralische Qualität von dem, der es besitzt. Es ist eine Kraft zum Guten oder zum Bösen. Und es liegt in der Entscheidungsgewalt jedes einzelnen, welches von beiden es werden wird.

Kapitel 5
Der Geist der Armut kann gebrochen werden

Wenn du in Armut lebst – und wenn du glaubst, daß du arm bist, weil Gott es so will –, dann bist du dem Geist der Armut verfallen. Bevor du aus der Armut heraus- und in die Segnungen und Versorgung Gottes hineinkommen kannst, mußt du die Macht des Geistes der Armut in deinem Leben brechen. Die gute Nachricht ist, daß du gleich damit beginnen kannst, hier und jetzt.

Laß mich dir sechs Schritte zeigen, wie du den Geist der Armut loswerden kannst.

1. Lies genau die Berichte im Wort Gottes darüber, wie andere Menschen den Geist der Armut überwunden haben.
2. Gib zu, daß der Geist der Armut dich quält.
3. Beginne, großzügig aus deiner Armut heraus zu geben.
4. Glaube daran, daß Gott möchte, daß es dir finanziell gut geht.
5. Rechne fest damit, daß Gott all deine Bedürfnisse befriedigt.
6. Suche eine Gemeinde, deren Pastor den Armen die frohe Botschaft predigt, wie Jesus es getan hat.

Nun laß uns diese sechs Schritte im einzelnen betrachten. *Erstens solltest du genau Gottes Wort und seine Aussagen darüber lesen, wie andere Menschen den Geist der Armut überwunden haben.*

Beginnen wir mit Lukas 4,18, wo Jesus sagte: »... weil er mich gesalbt hat, Armen gute Botschaft zu verkündigen.« Evangelium bedeutet »frohe Botschaft«. Und das ist es, was Jesus predigte, die frohe Botschaft.

Eine Frau in einer Großstadt, Mutter von mehreren Kindern, schrieb mir, daß es bei meinen Fernsehsendungen etwas gibt, was ihr gut gefalle, und etwas, was ihr überhaupt nicht gefalle. Sie sagte: »Oral Roberts, jeden Sonntagmorgen, wenn ich im Fernsehen Ihr Programm einschalte, stehen Sie da mit einem breiten Lächeln auf Ihrem Gesicht, als ständen Sie auf der Spitze der Welt, und Sie sagen: ›Etwas Gutes wird dir widerfahren!‹«

Sie fuhr fort: »Das erste Mal, als ich Sie sagen hörte: ›Etwas Gutes wird dir widerfahren‹, sagte ich ›Jaja, du hast ja gut reden!‹«

Weiter schrieb sie in ihrem Brief, daß sie schwarz sei, daß sie Witwe sei, daß sie neun Kinder habe. Sie alle lebten in einem großen Zimmer in einer der ärmsten Gegenden der Stadt. Einige Evangelisationen hatten mich in ihre Stadt geführt, und ich erinnerte mich daran, daß man ganz unvermittelt in richtige Gettogegenden kommt, wenn man erst einmal die Innenstadt mit all den Geschäften und Büros und die

Vorstädte mit den schönen Wohnhäusern verlassen hat. Ich stellte sie mir in solch einer Gettogegend vor. Mir wurde klar, daß sie die Ärmste der Armen war. Die Chancen, daß sie und ihre neun Kinder aus einer solchen Gegend herauskommen und je etwas Besseres kennenlernen würden, waren äußerst gering. Aber immerhin hatte sie einen Fernseher und konnte einen Mann hören, der einmal zu einer Familie gehört hatte, die selbst die Armen arm genannt haben, und dieser Mann sagte: »Etwas Gutes wird dir widerfahren!« Ich fragte mich, was das eine wäre, daß sie an mir nicht mochte. Als ich weiterlas, kriegte ich es von ihr doppelt und dreifach!

»Oral Roberts«, schrieb sie, »ich möchte das Gute, über das Sie sprechen, so sehr, auch meine neun Kinder, vom Baby bis zum Ältesten, wollen es, aber kaum haben Sie uns die Sache so richtig schmackhaft gemacht, da fordern Sie mich auf, aus meiner Armut heraus zu geben und auf ein Wunder zu warten!«

»Was für eine Art Predigt ist das? Ich habe eine Bibel und gehe mit meinen Kindern jeden Sonntag in die Kirche, doch nie habe ich Predigten gehört, die von mir verlangen, aus meiner Armut heraus zu geben und auf ein Wunder zu warten. Ich leiste meinen kleinen Beitrag. Wenn ich kann, drücke ich meinen neun Kleinen einen Cent oder ein Fünfcentstück in die Hand, damit sie etwas geben können. Aber bisher sind noch keine Wunder geschehen. Erst machen Sie mich so froh, und dann so wütend. Ein Teil von mir sagt, daß Sie etwas über Gott wissen, was ich nicht weiß; der andere Teil in mir sagt, daß Sie nur ein Ziel haben: Ich soll Ihnen Geld schicken, das ich gar nicht habe, und das kann ich an Ihnen nicht leiden.«

Dann fügte sie hinzu: »Ich wette, Sie werden diesen Brief gar nicht lesen, denn Sie haben ja alle Hände voll damit zu tun, dauernd zu sagen: ›Etwas Gutes wird dir widerfahren!‹ Wenn Sie ihn aber doch lesen, antworten Sie mir und schreiben Sie mir, *wie* mir und meinen neun Kindern etwas Gutes widerfahren kann.«

Als ich ihren Brief zu Ende gelesen und mir ihre Situation vorgestellt hatte, strömten Tränen über mein Gesicht. Der Ehemann, der Erzeuger ihrer neun Kinder, lebte nicht mehr. Ihre Einkünfte waren nicht das, was die Regierung das Existenzminimum nennt, sondern sie war so weit unterhalb dieses Minimums, daß sie wirklich verzweifelt sein mußte. In ihrem Brief hatte sie auch gesagt, daß sie die Oral-Roberts-Universität und all die glücklichen Studenten im Fernsehen gesehen hatte. Sie schrieb, sie träume davon, ihre Kinder auf diese Universität zu schicken, wenn sie jemals die High School beenden würden.

Ich dachte bei mir, daß sie überhaupt nichts weiß von der Armut, die ich kennengelernt habe, und daß sie, im Gegensatz zu mir, auch nicht weiß, daß Jesus sich der Armen annimmt. Sie weiß nicht, daß ich »Etwas Gutes wird dir widerfahren« sage, weil ich an die gute Nachricht des

Evangeliums glaube. Jesus sagt in Lukas 4,18, er sei gekommen, um den Armen die gute Botschaft zu verkündigen.

Offensichtlich war sie Christin und ging zur Kirche. Sie achtete darauf, daß alle ihre neun Kinder mit ihr in die Kirche gingen. Vor meinem inneren Auge konnte ich sie alle in der Kirche sitzen sehen. Aber ich glaube, ich sah noch etwas anderes. Wenn sie die Kinder am Sonntag erst einmal geweckt und angezogen hatte und wenn sie erst einmal alle in der Kirche waren, konnte sie an nichts anderes als nur an Armut und noch mehr Armut denken. Ich fragte mich: »Außer daß ihr Prediger nett zu ihr ist und dafür sorgt, daß sie etwas Unterstützung bekommt, verkündigte er auch ›den Armen die gute Botschaft‹, Armen wie ihr und ihrer Familie?«

Als ich ihr zurückschrieb, wußte ich, daß es nicht die Zeit dazu war, Mitleid zu haben. Es war Zeit, göttliches Erbarmen zu üben. Der Unterschied besteht darin, daß Mitleid menschlich ist und sagt: »Oh, es tut mir so leid, ich wünschte, ich könnte helfen.« Aber Erbarmen ist göttlich und bedeutet, daß man einen beinahe unwiderstehlichen, von Gott gegebenen Drang verspürt, den Betreffenden von seinen Problemen und seinen Sorgen frei zu machen. Im Gegensatz zum Mitleid ruft das Erbarmen nicht nur Tränen hervor. Es macht dich *zornig*. Es veranlaßt dich zu handeln. Nun, ich schrieb ihr einen Brief, der sie wütend genug machte, um etwas zu unternehmen.

Das bringt mich zu Punkt zwei. *Um den Geist der Armut loszuwerden, mußt du dir eingestehen, daß dieser Geist dich quält.*

Ich schrieb der Frau, daß ich selbst zwar nicht schwarz sei, aber auch nicht ganz weiß, sondern Indianerblut in mir hätte. Ich schrieb, unsere Familie sei so arm gewesen, daß ich mit fünfzehn von zu Hause fort mußte, um für meinen Lebensunterhalt zu sorgen. Mit siebzehn hatte ich Tuberkulose bekommen, eine Krankheit, die Indianer häufiger haben als andere. Als ich krank wurde, lebten Papa und Mama in zwei kleinen gemieteten Zimmern. Sie hatten nicht genug Geld, den Arzt zu bezahlen oder mich auch nur zu besuchen. Wenn der Arzt nicht gewußt hätte, daß Papa Prediger war, wäre er nicht gekommen. Mit den beiden anderen, die kamen, als es mir schlechter ging, war es genauso. Ich schrieb der Frau, daß mein Gewicht von 165 Pfund auf 120 Pfund heruntergegangen war, und das bei einer Größe von 1,83 Meter. Ich war nur noch Haut und Knochen, und das Fieber verzehrte mich. Selbst wenn meine Eltern etwas Ordentliches zum Essen für mich gehabt hätten, hätte ich keinen Appetit gehabt. Nach fünfmonatiger Bettlägrigkeit ernährte ich mich nur noch von Milch mit rohen Eiern.

Ich schrieb: »Vielleicht war ich damals nicht so schlimm dran wie Sie, aber viel besser ging es mir nicht. Wenigstens reden Sie wie eine Christin, ich war kein Christ, Sie gehen in die Kirche, ich konnte nicht gehen.«

Dann schrieb ich: »Aber da gibt es eine Gemeinsamkeit bei dem Geist, von dem ich damals ergriffen war, und bei dem, der Sie jetzt plagt. Beide sind vollkommen identisch. Es ist ein Geist der Armut. Damals wußte ich nicht, daß er gebrochen werden kann, und Sie wissen es jetzt nicht. Denn damals wußte ich nicht, so wie Sie es heute nicht wissen, daß Jesus nicht arm war und daß er auch uns nicht arm sehen will.«

Die Antwort war ein weiterer zorniger Brief. »Oh ja, aber Jesus hat Sie geheilt. Ich habe nichts als meine Kinder, und die sind meistens hungrig. Wie ich verhindert habe, daß sie zu Verbrechern werden, weiß ich nicht. Wenn Jesus nicht will, daß ich arm bin, warum sagen Sie mir dann nicht einfach, was genau er für mich unternehmen wird.«

Drittens mußt du, um den Geist der Armut zu brechen, tatsächlich aus deiner Armut heraus geben.

Ich schrieb zurück: »Jesus wird Ihnen genau das sagen, was Paulus den armen Christen in Mazedonien sagte. Er forderte sie auf, mit dem wenigen, das sie besaßen, den Heiligen in Jerusalem zu helfen, die alles, sogar ihre Häuser, verloren hatten.«

»Schwester«, schrieb ich, »nehmen Sie die Bibel, schlagen Sie 2. Korinther 8 auf und lesen Sie das ganze Kapitel, besonders aber die ersten fünf Verse. Paulus nennt ihre finanzielle Situation ›tiefe Armut‹, und das war zu einer Zeit, als die

Menschen wirklich arm waren. Deren tiefe Armut war also mindestens so schlimm wie Ihre.«

Ich nahm allen meinen Mut zusammen. Ich mußte sie mit der Wahrheit Gottes konfrontieren – das war mir klar. Sonst würde sich ihre Lage noch verschlechtern. Wer weiß, was diese neun Kinder aus Bitterkeit über ihr Elend noch alles anstellen würden. Ich schrieb ihr also, daß Paulus in 2. Korinther 8,1 den Christen sagt, es sei Gottes Gnade, daß man geben darf, und man täte es aus Dankbarkeit dafür, daß Jesus einen errettet hat. Sie sei ja errettet und habe dadurch eine Extragnade von Gott: Sie darf aus ihrer bitteren Armut heraus geben. Der Vers 2. besage, daß sie stets in der Freude ihrer Errettung leben solle, ganz gleich wie tief die Not sei. Auch solle sie lernen, ihren winzigen Zehnten auf eine ganze neue Art zu geben: Ganz bewußt und gezielt als einen Akt ihres Glaubens.

»Das kapiert sie nie«, dachte ich, »sie wird es mir nie abnehmen!« Doch dann fiel es mir ein, daß ich es ja auch begriffen hatte, damals, als ich totkrank im Bett lag und der Geist der Armut mich zu verschlingen drohte. In meiner aussichtslosen Situation hatte ich es verstanden und hatte es geglaubt. Und laut sagte ich: »Wenn ich es konnte, kann sie es auch.«

Viertens müssen Christen glauben, was das Wort Gottes über G-e-l-d sagt, über das Geld, ohne das wir nicht leben können.

Du mußt glauben, daß es der Wunsch Jesu ist, daß es dir gut geht; das wollte er so sehr, daß er sagte: »Er hat mich gesandt, den Armen gute Botschaft zu verkündigen.«

Du kannst an deiner Auffassung und deinen Vorstellungen arbeiten. Du mußt glauben, daß Jesus nicht arm war und auch dich nicht arm sehen will. Jesus war arm einzig im Vergleich mit all den Reichtümern, die er im Himmel aufgegeben hatte, um ein Mensch zu werden. Er wurde »arm«, um sich mit dir und mit mir in unserer Menschlichkeit und unseren Bedürfnissen zu *identifizieren*.

Jesus hatte keine Armut in seinem Geist, Armut war nicht der Gegenstand seiner Predigten und seiner Lehren. Er ging nicht umher, um den Menschen zu sagen, es sei Gottes Wille, daß sie arm seien. Armut ist nicht Bestandteil des Reiches Gottes. Jesus zeigte das Reich Gottes als eine unsichtbare Welt, von der – wenn wir zuerst nach dem Reich Gottes trachten – »euch dies alles hinzugefügt werden wird« (Mt 6,33). Und Jesus meinte, was er sagte, und sagte, was er meinte!

Negative Prediger können dich negativ beeinflussen, genauso wie eine negative Welt dich negativ beeinflussen kann, weil sie Gottes Kinder haßt.

In meinem Brief gab ich dieser schwarzen Mutter den Rat, die Predigten ihres Pastors hinsichtlich des Zehnten und der Opfer für die Gemeinde zu überprüfen. Besonders sollte sie darauf achten, ob er darüber sprach, wie Gott die Fenster des Himmels öffnen und um ihretwillen den Fresser bedrohen würde (Mal 13,10.11). Außerdem sollte sie darauf achten, ob er sie lehrte, daß Gott ihr als Gegengabe mehr geben würde, als sie gegeben hatte. Und ob er von Gott als von ihrer Quelle sprach, statt von der Regierung oder etwas anderem.

Ich sagte ihr geradeheraus, sie müsse mit ihrem Pastor sprechen, wenn er dies nicht predigte, und daß sie sich nach einem anderen Pastor umsehen müsse, wenn er sich weigerte, über dieses biblische Thema zu predigen.

Schließlich stellte sie mich auf die Probe. Sie schickte mir einige sehr abgegriffene Dollarscheine, von denen ich annahm, daß sie sie für den Tag einer besonderen Not zurückgelegt hatte. Ich hätte sie am liebsten zurückgeschickt. Das muß sie geahnt haben. »Oral Roberts, Sie predigen den Saatglauben, nun, wir wollen sehen, ob er funktioniert«, schrieb sie.

Bald kam wieder ein Brief: Nichts sei geschehen. Ich schrieb ihr: »Es wird auch nichts geschehen, wenn man sich lediglich darauf beschränkt, das Geld weiterzureichen, wenn auch Gott uns auffordert, einen ganzen Zehnten plus Opfer von all dem Geld zu geben, das in unsere Hände kommt. Es kann so nicht funktionieren, weil wir unser Geld nicht von unserer Quelle trennen können, und unsere Quelle ist Gott.«

Ich bat sie, 2. Korinther 9,10 zu lesen: »Der aber Samen darreicht dem Sämann und Brot zur Speise, wird eure Saat darreichen und mehren und die Früchte eurer Gerechtigkeit wachsen lassen.«

Gott gibt dem Sämann den Samen, d. h. in diesem Fall, er gibt ihm Geld, wie groß oder klein diese Summe auch sein mag, damit er geben kann. Das macht Gott zur Quelle alles Guten, das dir widerfährt. Gott mehrt also deine Saat und läßt deine Gerechtigkeit wachsen. Das macht Gott zu deiner Quelle, aus der du ein Vielfaches von dem zurückerhältst, was du gegeben hast.

Dann bat ich sie, Philipper 4,19 zu lesen: »Mein Gott aber wird alles, was ihr bedürft, erfüllen nach seinem Reichtum in Herrlichkeit in Christus Jesus.«

Nach 2. Korinther 9,10 ist Gott die Quelle, aus der der Samen für den Sämann und alles, was man geben kann, kommt. Aber auch die Quelle, aus der das Gegebene vielfach zurückkommt. Nach Philipper 4,19 ist Gott die Quelle der gesamten Versorgung. Deshalb solltest du dir, wenn du gibst, darüber im klaren sein, daß du Gott persönlich als deiner Quelle gibst. Ganz gleich an welche Mission oder christliches Werk du dein Geld schickst.

Wenn du dann Gott als deiner Quelle gibst, *rechne damit, daß du alles vielfach von Gott, deiner Quelle, zurückbekommen wirst.* Quelle ist das Schlüsselwort. Diese Quelle ist kein menschliches Wesen und kein Ding: Sie ist Gott selbst, und es gibt keine »andere«! Wenn du dir diese Tatsache aus Gottes Wort fest einprägst, bist du dem Sieg schon sehr nahe!

Ich konnte es mir so richtig vorstellen, wie sie zu Hause all diese Schlüsselstellen in ihrer Bibel nachlas, zumindest hoffte ich, sie würde es tun. Ich schlug ihr vor, daß sie, wenn sie mich im Fernsehen sah, darauf achten sollte, welchen Gebrauch ich von dem Wort *Quelle* machte – denn ich sage immer wieder, daß du von Gott empfängst, um ihm als deiner Quelle zu geben, daß du Gott als deiner Quelle geben und daß du von Gott als deiner Quelle eine Gegengabe erhalten wirst, WENN DU MIT EINER GEGENGABE RECHNEST.

Ich muß darauf achten, daß ich es oft genug sage: Gott ist deine Quelle. Aber immer wieder stelle ich fest, daß ich es nicht oft genug sage und es nicht deutlich genug zeige. Ich sollte es besser wissen.

Ich habe festgestellt, daß es das schwierigste überhaupt ist, sich Gott immer und immer wieder als seine Quelle vorzustellen. Ich vergesse, daß er meine Quelle ist, und allzu oft merke ich, daß ich mich eher nach den Menschen als nach Gott richte. Ich weiß jedoch eines: Wenn ich so handle, wie ich es predige, dann funktioniert es auch. Es gelingt mir von Mal zu Mal besser.

Diese schwarze Frau und ich mußten einander über ein Jahr lang zwei- bis dreimal im Monat schreiben, ehe wir eine Verständigungsbasis fanden. Ganz gleich wieviel ich über Gott weiß, oder wieviel du über Gott weißt, wirklichen Sinn macht dieses Wissen nur dann, wenn der andere uns hört und versteht. Das heißt, daß wir beharrlich sein und nicht aufgeben sollen.

Aber sie hatte, Gott segne sie, einen wachen Verstand und begriff meinen Geist sehr gut. So gut, daß sie mich auf die Probe stellte, um zu sehen, ob ich mich wirklich für sie interessierte und ob ich wirklich glaubte, daß wir aus unserer Armut heraus geben sollten. Und das ist eine gute Prüfung für jeden, besonders aber für einen Prediger, da er Gottes Wort wie einer göttlichen Berufung folgt. Das Faszinierende war, daß sie schließlich verstanden hatte, daß Gott ihre Quelle war, und sie fing an, ihren Samen zu säen und dann mit ihrem Glauben zu vermischen und dann von Gott zu erwarten, daß er ihr alles vervielfacht zurückgeben würde. Woher weiß ich das?

Endlich strahlten ihre Briefe. Sie hatte jetzt ein Haus mit sechs Zimmern in einer netten Gegend, sie hatte einen besseren Arbeitsplatz gefunden, sie hatte eine Gemeinde entdeckt, die mehr mit dem Heiligen Geist und mit dem Saatglauben in Übereinstimmung stand. Schließlich fühlte ich mich als Teil von ihr und ihrer Familie. Abgesehen davon, daß sie, da sie den Saatglauben nun verstanden hatte, ihrer Ortsgemeinde einen Zehnten von einem jetzt größer gewordenen Gehalt gab, ist sie immer noch meine Briefpartnerin. Und vor kurzem habe ich erfahren, daß wenigstens zwei ihrer Kinder auf die Oral-Roberts-Universität gehen wollen. Glaube mir, die meisten Studenten an der Oral-Roberts-Universität praktizieren den Saatglauben, weil sie persönlich erlebt haben, daß er funktioniert! Und er funktioniert, weil er ein göttliches Prinzip ist.

Kurz und gut, dieser lieben Frau gelang es, den Geist der Armut zu brechen. Meine Fernsehsendung und meine Briefe haben dazu beigetragen, doch letztlich war sie es selbst, die Gott begegnete, weil sie die Wahrheit über Gottes Wort begriffen und ihren Glauben in ihrer höchsten Not eingesetzt hatte. Durch Gott änderte sie ihr Leben und ihre Lebensumstände.

Und weißt du, je länger ich diese Wahrheiten lehre, desto besser kann ich sie in meinem eigenen Leben und in meinem eigenen Dienst umsetzen. Ich hasse es, wenn ich mein Ziel verfehle, wenn ich vergesse, wer meine Quelle ist oder wenn ich es versäume, von der Saat des Glaubens, die ich säe, ein Wunder zu erwarten.

Fünftens mußt du dich, um den Geist der Armut zu brechen, entschließen, von Gott zu erwarten, daß er all deine Bedürfnisse befriedigt.

Als ich diesen Dienst des Heilens begann, handelte ich in Übereinstimmung mit einer Entscheidung, die ich vor 41 Jahren getroffen hatte: Ich wolle dort predigen, wo die leidende Menschheit war. Trotz der guten Ausbildung, die ich immer weiter vervollkommne, habe ich mich entschieden, nur einfache Sprache zu gebrauchen. Ich entschloß mich, weniger Adjektive zu benutzen, sondern vor allem Verben, Tätigkeitswörter, weil mein Gott ein Gott der Taten ist, ein Gott der Wunder, ein Gott des Lebens im Überfluß!

Diese Entscheidung brachte mir eine Menge Schwierigkeiten mit den Leuten ein, die glauben, das Christentum sei etwas rein Geistliches und alle Wunder hätten mit dem Tod der zwölf Apostel aufgehört. Viele Leute glauben, allein die Regierung sei verantwortlich dafür, den Armen zu helfen. Sie glauben, daß die Christen zwar gute Werke tun sollten, daß sie aber nicht darüber nachdenken sollten, wie man die verschiedenen Arten des Heilens, deren sich Jesus bedient, auf die Armen, die Kranken, die Entrechteten anwenden kann und ihnen mit einem Evangelium für das *Hier und Jetzt* dienen kann!

Ich kleide mich gut. Ich fahre ein schönes Auto. Ich wohne in einem schönen Haus – und ich preise Gott dafür. Aber all das ist kein Geschenk der Menschen an mich. Ich habe dafür gearbeitet; ich habe die Saat dafür gesät; ich habe dafür an Wunder geglaubt, und ich setze meine Habe dafür ein, mit meinem Dienst weitermachen zu können. Ich möchte, daß mein Besitz in anderen Menschen den Glauben weckt.

Als unsere beiden ältesten Kinder geboren wurden und ich noch aufs College ging und das Evangelium an den Wochenenden verkündete, lebten wir in einer Mietwohnung mit drei winzigen Zimmern. Ich hatte keinen Wagen und kein Einkommen. Jeden Freitagnachmittag nach dem Unterricht fuhr ich mit dem Bus mit meiner kleinen Tasche bis an den Stadtrand, stellte mich an die Straße und fuhr per Anhalter bis zu hundert Meilen weit, um in irgendeiner kleinen Gemeinde zu predigen. Ich nahm, was immer sie mir als »Liebes-Opfer« anboten, und meist brachte mich der Pastor nach dem Sonntagabend-Gottesdienst bis zur Hauptstraße, und ich fuhr per Anhalter wieder nach Hause. Manchmal wurde ich bis vor die Haustür gebracht, doch manchmal dauerte es auch die ganze Nacht, wenn ich mit drei oder vier verschiedenen Wagen fahren mußte, und dann kam ich rechtzeitig zu Hause an, um gerade noch um 8.00 Uhr ins College zu fahren.

Und, Freund, ich käme mir nicht zu gut vor, wenn ich das alles noch einmal machen müßte. Doch ich erinnere mich an einen Tag in jenem Jahr, als mir klar wurde, daß ich meinen Glauben einsetzen sollte, statt mich mit meiner Lage abzufinden. Ich begriff, ich sollte meine Hand in aufrichtigem Glauben lieber zu Gott erheben, statt am Straßenrand mit dem Daumen zu winken und zu hoffen, daß die Gemeinden, in denen ich predigte, mir genug geben würden, damit ich meine Familie ernähren, die Miete zahlen und meine Ausbildung im College finanzieren konnte. Ich habe mich damals entschieden, und meine Entscheidung gilt noch heute.

Sechstens mußt du, um dich vom Geist der Armut zu befreien und um ihn für immer loszuwerden, eine Gemeinde finden, deren Pastor den »Armen die frohe Botschaft verkündet«, wie Jesus dies getan hat.

Wenn du arm bist, dann solltest du besser etwas dagegen unternehmen. Denn andere werden es nicht tun. Du solltest eine Gemeinde finden, deren Prediger dich lehrt, zuerst zu *geben* und dann zu *empfangen*. Du solltest dir auch darüber klar werden, daß der Geist der Armut ein Dämon ist.

Mein Freund und Kollege Tommy Barnett, Pastor von First Assembly, der größten Gemeinde in Phoenix, geht mit seinen Leuten direkt auf die Straße und sammelt die Armen, die Obdachlosen, die völlig Heruntergekommenen auf und läßt sie mit Bussen in seinen Sonntagsmorgen-Gottesdienst bringen.

Ich erinnere mich noch, wie ich das erste Mal in der großen, mit 7.000 Menschen vollgestopften Kirche predigte. Als Tommy mich vorstellte und ich auf die Bühne trat, sah ich zwischen mir und der großen Gemeinde all die Leute sitzen, die man direkt von der Straße geholt hatte. Tommy strahlte, die Gemeinde war voller Erwartung und hieß mich freudig willkommen. Ich aber sah nur auf all die Verzweifelten und Vergessenen – etwa fünfundsiebzig Menschen –, die nur ein paar Meter von mir entfernt auf den besten Stühlen des Hauses saßen.

Gottes Geist kam über mich. Ich schlug schnell die Bibel zu Lukas 4,18 auf und las vor, was Jesus vor 2000 Jahren gesagt hatte: »Der Geist des Herrn ist auf mir, weil er mich gesalbt hat, Armen gute Botschaft zu verkündigen...« Und ich las weiter, wie Jesus gesandt worden war, um solche zu heilen, die sich in einer verzweifelten Lage befanden, um die Gefangenen zu erlösen, die Blinden sehend zu machen, diejenigen zu befreien, die mißhandelt wurden und um zu verkündigen, daß dies der angenehme Tag des Herrn sei, an dem er frei macht.

Bei meinen Evangelisationen in dem großen Zelt, in Sälen, Stadien und auf freien Plätzen sind tausende von Armen mit ihren Krankheiten, ihren Ängsten und Qualen zu mir geströmt – und ich habe ihnen gedient. Aber dies hier war eine mit allem Luxus ausgestattete Kirche.

Zum ersten Mal war ich in einer Kirche mit allen möglichen verschiedenen Menschen, wie denen, die zu meinen Versammlungen herbeigeströmt sind, und wie die bereits erwähnte Witwe mit ihren neun Kindern.

Unter solchen Leuten hatte Jesus gearbeitet. Hier hätte er sich so richtig wohl gefühlt. Und so ging es mir auch.

An jenem Tag predigte ich in dieser Kirche mit dem Gefühl, in den Schuhen Jesu zu stehen. In meinem Geist saß ich mitten unter diesen Leuten von der Straße. Nachdem ich das Wort Gottes, das Jesus mir gab, gepredigt hatte, ging ich hinunter, umarmte sie alle und legte ihnen die Hände auf; Tommy neben mir tat das gleiche. Beide weinten wir, doch nicht aus Mitleid, sondern weil unser Herz von göttlichem Erbarmen bewegt war. Wir fühlten den unwiderstehlichen Drang, sie alle von dem Geist der Armut und dem Fehlglauben freizusetzen, Gott interessiere sich nicht für sie.

Ich bin ein Sämann. Das kann ich besser als alles andere. Doch Jesus lehrt uns, keine nachlässigen Sämänner zu sein. Denn säen allein ist noch nicht alles. Wir müssen Gott als unsere Quelle sehen. Und zusätzlich zum Säen unserer Saat – dem regelmäßigen Geben von Zehnten und Opfern – müssen wir darauf vertrauen, daß Gott all unsere Bedürfnisse erfüllen wird. Und außerdem dürfen wir in unseren Bemühungen nie nachlassen, nie aufhören, nie aufgeben, sondern immer weitermachen!

Ist das leicht? Nein! Aber es ist sehr viel leichter, als ohne das Beste auszukommen, was Gott uns zu geben hat – der Tatsache, daß er uns mit allem versorgt, was wir brauchen und uns damit auch zu einem Segen für andere macht.

Blättre jetzt bitte zurück zum Anfang dieses Kapitels und sieh dir noch einmal die sechs Schritte an, die man gehen muß, um den Geist der Armut zu brechen. Wie ist es? Wirst du die Sache anpacken und sie in die Tat umsetzen?

So wichtig mir diese Frau mit ihren neun Kindern war – und immer noch ist, so wichtig bist auch du mir. Doch mein Interesse für dich ist nicht genug. Du mußt deinen Teil tun. Denk daran: Man muß es *bewirken*, daß Dinge geschehen. Und daran, daß Gott dir helfen wird, es zu bewirken, wenn du sein Partner wirst in seinem Heiligen Wort, seinem Evangelium und ein Partner mit denen, die er gerufen hat und die in seiner Gemeinde ihren Dienst tun.

Lebe keinen Tag länger mit dem Geist der Armut!

Kapitel 6
Jesus – unser Vorbild im Geben und Empfangen

Bevor Jesus Seinen öffentlichen Dienst im Alter von dreißig Jahren aufnahm, kannte man ihn nur als den Sohn des Zimmermanns. Und als Zimmermann hat er offensichtlich auch seinen Lebensunterhalt verdient. Er hatte ein Auskommen und er hatte ein Haus. Man betrachtete ihn nicht als arm.

Die Art und Weise, wie er seinen Lebensunterhalt verdiente, änderte sich jedoch drastisch, als er seinen öffentlichen Dienst begann. Von da an widmete er sein ganzes Leben der Durchführung der WERKE SEINES VATERS, UND DESHALB MUSSTE ER AUCH DIE ART DES GELDVERDIENENS ÄNDERN. Schon früh wählte er sich Jünger und gab ihnen den Auftrag, das Evangelium zu verkünden, Kranke zu heilen, Dämonen auszutreiben und an seiner Seite zu dienen (Mt 10,1-8). Eine Kasse mußte eingerichtet werden. Diejenigen, die in das Reich Gottes eintraten, wurden aufgefordert, in diese Kasse einen Beitrag zu leisten, Jesus und seinen Jüngern mit ihrer Habe zu dienen (Lk 8,1-3).

Das System mit dem Zehnten war in Kraft, seit Abraham »den Zehnten von allem« gab (1. Mose

14,20). Mose hatte gesagt: »Der ganze Zehnte [...] gehört dem Herrn; er ist dem Herrn heilig« (siehe 3. Mose 27,30). Selbst die Schriftgelehrten und die Pharisäer praktizierten in ihren kalten Religionsvorschriften das System des Zehnten, jedoch in einer Weise, die dem Glauben an Gott und der Liebe der Menschen zuwiderhandelte. Jesus tadelte sie und forderte sie auf, den Zehnten zu geben, ohne Geld und gottgefälliges Leben zu trennen (siehe Mt 23,23).

Jesus gab denen, die im Dienst standen, öffentlich Anweisungen. Er sagte: »Der Arbeiter ist seines Lohnes wert« (siehe Mt 10,10; Lk 10,7).

Vor seinem öffentlichen Dienst wußte Jesus die Tatsache zu schätzen, daß er seinen Unterhalt als Zimmermann verdienen konnte. Und als er und seine Jünger zu predigen, lehren und heilen begannen, wußte er, daß ein Armer keine Rechnungen bezahlen kann. Das Armsein würde gewiß niemand begeistern oder ermutigen, der selbst arm war.

Auf den Straßen, auf den Marktplätzen und in den Synagogen Israels wirkte Jesus wie eine frische Brise der Hoffnung für die Armen. Den Armen und ihren Krankheiten galt seine erste Aufmerksamkeit. Er wußte, daß kaum etwas den Krankheiten Tür und Tor so sehr öffnete wie die Armut. Er wußte auch, daß ein Leben in Armut nicht nur ein Leben zerstörter Hoffnungen und Schinderei war, sondern es bewirkte auch, daß viele Leute an der Güte Gottes und seiner Fürsorge für sie zu zweifeln begannen. Doch wenn sie die Armut als gottgegeben akzeptierten, bedeutete das, daß sie ihr ganzes Sehnen und Trachten auf den Himmel verlagerten, anstatt dem Mangel hier in diesem Leben abzuhelfen, im Hier und Jetzt, wo sie ja schließlich all die Jahre auf dem Weg zur Ewigkeit leben mußten. Von einigen wußte er, daß sie die Armut dazu brachte, in Bitterkeit und Verdruß über diese Welt zu leben. Man kann über die Liebe Jesu zur Armut sagen, was man will, ich kann das nicht glauben. Lies nur einmal die vier Evangelisten – Matthäus, Markus, Lukas und Johannes –, die einzigen Quellen für Informationen aus erster Hand über Jesus, und du wirst immer wieder darauf stoßen, wie er gegen die Armut und alle sie begleitenden Übel kämpfte.

Jesus selbst war eins mit Gott, gesund und verschont von allen Krankheiten, von Ängsten und von Armut. Er sagte von seinem Vater: »Er sandte mich, Armen die gute Botschaft zu verkündigen« (siehe Lk 4,18).

Mit seinem nahtlosen Gewand und mit einem Kassenwart, der seine Finanzen verwaltete, zog er als lebendes Beispiel durch das ganze Land und erklärte: »Ich bin gekommen, damit sie Leben haben und es in Überfluß haben« (siehe Joh 10,10). Die Menschen gerieten in freudige Erregung. Arme, Kranke, von Sorgen Geplagte begannen Hoffnung zu fassen: Jesus von Nazareth ging an ihnen vorüber! Und auf den Hauptstraßen dieses kleinen Landes, das Kontinente trennt und der Mittelpunkt der Welt ist, begann

Jesus, Gottes eingeborener Sohn, – ein menschliches Wesen wie wir –, Wunder zu vollbringen. Freudige Erwartungen keimten auf, Hoffnungen erwachten, als geblendete Augen in der Dunkelheit »ein neues Licht« zu sehen begannen und Ohren, die niemals die »gute Botschaft« gehört hatten, lauschten einem Mann, von dem gesagt wurde, er spräche, wie niemand zuvor gesprochen habe (siehe Joh 7,46).

Der Zimmermann, der Joche für die Hälse von Tieren hergestellt hatte, fertigte nun eine neue Art Joche für das Leben der Menschen: Joche, die sich leicht trugen, die denen passen, die nach Gottes Bild gemacht sind. Sie reiben den Nacken nicht wund und rufen keine Krämpfe hervor, die eine ohnehin schon schwere Last noch schwerer machen. Er rief aus: »Mein Joch ist sanft [es paßt!], und meine Last ist leicht« (siehe Mt 11,30), sanft im Vergleich mit Satans Stehlen, Töten und Zerstören.

Jesus, der Menschen frei machte, war nicht ein Knecht der Armut, und auch du brauchst es nicht zu sein.

Die vier Grundsätze der Freigebigkeit

Erstens sagt die Bibel klar und deutlich, daß du Jesus mit deiner Habe – mit deinem Geld – dienen sollst.

Wie wir unsere Finanzen zu einem geistlichen Dienst machen können, lehrt uns eine Bibelstelle, die wir nun noch einmal lesen wollen: »Und es geschah danach, daß er nacheinander Städte und

Dörfer durchzog, indem er predigte und das Evangelium vom Reich Gottes verkündigte; und die Zwölf mit ihm, und einige Frauen, die von bösen Geistern und Krankheiten geheilt worden waren: Maria, genannt Magdalena, von der sieben Dämonen ausgefahren waren, und Johanna, die Frau des Chuza, des Verwalters Herodes', und Susanna und viele andere, die ihnen mit ihrer Habe dienten« (Lk 8,1-3).

Eine doppelte Aussage wird hier gemacht:

Erstens: Jesus verkündete das Evangelium vom Reich Gottes und vollbrachte seine Wunder in jeder Stadt und in jedem Dorf. Die zwölf Apostel waren bei ihm und mit ihnen alle, die ihn in seinem Dienst unterstützten. In alle Städte und alle Dörfer mit seinen Aposteln, Propheten, Evangelisten, Pastoren und Lehrern und all ihren Helfern zu gehen, um zu predigen, lehren und heilen – das ist genau das, was Jesus auch heute durch uns, seine Mitarbeiter, tun will.

Zweitens: Es gab eine große Zahl Menschen, die Jesus von bösen Geistern, von Krankheiten und von einem sündigen Leben befreit hatte. Als Folge davon schlossen sie sich ihm an. Auf das, was er für sie getan hatte, reagierten sie, indem sie ihre finanziellen Prioritäten änderten. Diese neuen Nachfolger Jesu verwendeten ihren Verdienst nun nicht mehr für sich allein, sondern machten ihre Finanzen zu einem geistlichen Dienst. Sie stellten das Geld zur Verfügung, das Jesus und seine Jünger brauchten, um Menschen zu heilen und sie aus der Gewalt Satans zu befreien.

Mit einer Berührung seiner Hand, mit einem Wort seiner Macht brachte seine Verkündigung des Reiches Gottes auf dieser Erde etwas Neues in das Leben der Menschen, nämlich ein Leben in Überfluß, und die Menschen riefen: »Messias! Messias! Er ist gekommen! Er hat aus mir einen neuen Menschen gemacht. Seine Macht strömt durch mich und heilt mich von der Sünde, von allen Krankheiten, von bösen Geistern, von der Angst, der Armut und der Hoffnungslosigkeit, von Dunkelheit und Verzweiflung. Er hat mir Leben gegeben, und ich werde ihm mit meiner Habe dienen!«

Es gab viele Menschen, die die lebensverändernde Kraft Jesu an sich erfahren hatten. Sie verstanden, daß Jesus sein Werk, das heißt die Verkündigung des Reiches Gottes auf Erden, nur fortsetzen konnte, wenn er finanzielle Mittel hatte. Er brauchte also Menschen, die ihren ganzen Zehnten und Opfer als Saat ihres Glaubens gaben. Ihr Bund mit ihm war ein Bund des Gebens. Er bestand darin, daß sie ihre Finanzen zu einem geistlichen Dienst für Jesus machten, oder wie Paulus es nannte, »die Gnade des Gebens« hatten (2. Kor 8,1).

Es klingt so einfach. Und das ist es auch. Der Meister war gekommen, um die machtvollen Werke seines Vaters zu vollbringen, aber er konnte sie nicht tun, ohne daß die, die er erlöst hatte, ihm mit ihrer Habe dienten.

Nimm an, Jesus – derselbe Jesus, den sie kennengelernt haben, der sie befreit hat und für den sie ihre Finanzen zu einem geistlichen Dienst gemacht haben – hätte dein Leben berührt. Kennst du Jesus von Nazareth persönlich? Hat er deine Seele errettet? Vielleicht hat er dich geheilt, wie er mich geheilt hat, als nicht einmal die medizinische Wissenschaft meine von Tuberkulose befallenen Lungen heilen konnte. Wenn du dieses Buch liest, um zu erfahren, daß Jesus nicht arm war und auch du nicht arm sein sollst, erinnere dich doch an das, was Jesus für dich getan hat und was kein anderer hätte für dich tun können. Selbst wenn dir noch nichts dergleichen widerfahren ist, halte dir vor Augen, daß allein Jesus deine Antwort ist, dein einziger Erlöser, deine Quelle aller Dinge, dein einziger Weg, deine Wahrheit und dein Leben (Joh 14,6).

Doch wenn du Jesus bereits liebst und wenn dein Leben durch Jesus verändert wurde, wenn du erkennst, daß deine Zukunft nur gesichert ist, wenn du ihm nachfolgst, dann ist es das größte Privileg und die größte Ehre in deinem Leben, Jesus mit deiner Habe zu dienen.

Geben auf Gottes Art

Wie gibt man für Jesus? Nicht nur ab und zu, nicht nur ein bißchen, nicht nur weil dir gerade »danach« ist. Dein Geben soll dein Dienst für Jesus sein. Gib entsprechend dem *göttlichen Maß* einen festgelegten Prozentsatz von deinen Einkünften, wie Gott selbst sagte: »euren ganzen Zehnten und eure Opfer« (Mal 3,10).

Weder du noch ich noch sonst jemand kann Gott oder Sein Maß ändern. Gott sagt: »Ich habe mich nicht geändert« (Mal 3,6). Gott sagt: »Der ganze Zehnte gehört dem Herrn« (3. Mose 27,30). Unser Geben hat er auf ein Zehntel, plus Opfer, bemessen. Und er will, daß du deinen Zehnten als Saat deines Glauben gibst, denn nur wenn du dein Geld als eine Saat betrachtest, wird die freudige Erwartung und das Wissen in deinem Herzen erwachen, daß dein Gott deine Quelle ist und dich mit allem versorgen wird, was du brauchst.

Bevor der Herr mich gerettet hat, habe ich, wenn jemand davon sprach, ich sollte regelmäßig meinen Zehnten geben, nur denken können, daß ich dann 10 % weniger übrig hätte. Ich wußte nicht, daß die Zahl Zehn in der Bibel *Wachstum* bedeutet. Hätte ich das gewußt, so hätte ich sicherlich anders gedacht.

Laß mich dir eine Geschichte erzählen, die diesen Punkt erläutert.

Ein Pastor berichtete mir von einem jungen Mann, der das Prinzip des Zehnten zu verstehen begann, nachdem er Christus in sein Leben aufgenommen hatte. Er fing an, von seinem Verdienst, und das waren nur 70 Dollar in der Woche, den Zehnten zu geben. Seinen Zehnten in Höhe von sieben Dollar zu geben, war eine aufregende Sache für ihn, aber er tat es gewissenhaft.

Nun, der junge Mann sah, daß es funktionierte. Nach einigen Wochen bekam er eine Lohnerhöhung und gab jetzt seinen Zehnten von dem größeren Betrag. Am Ende des Jahres verdiente er nicht mehr 70, sondern 300 Dollar die Woche. Er machte weiter mit dem Geben. Dann kam die Zeit, wo er 700 Dollar die Woche verdiente. Nachdem er lange Schulden gehabt hatte, wurde sein Konto ausgeglichen, und schließlich hatte er einen Wohlstand erreicht, von dem er bisher nur zu träumen gewagt hatte.

Aber da gibt es immer die Zweifler, diejenigen, die immer alles besser wissen. Einer von ihnen sagte zu diesem jungen Mann: »Ist es Ihnen klar, daß Sie jede Woche 70 Dollar zum Fenster rauswerfen? Sie müssen verrückt sein.«

»Nun«, antwortete er: »Ich verdiene 700 Dollar die Woche, und 70 Dollar ist davon der zehnte Teil, und der Zehnte gehört dem Herrn. Gottes Wort sagt, der Zehnte ist ihm heilig. Und bedenken Sie, wie es mir vorher ging.«

»Ja, aber Sie verdienen 36.400 Dollar im Jahr, und Sie geben einen Zehnten in Höhe von 3.640 Dollar, das ist soviel, wie Sie früher in einem Jahr verdient haben.«

Der junge Mann wußte nicht, wie er mit dieser Art Kritik umgehen sollte. Er ging zu seinem Pastor und sagte: »Ich habe da ein Problem. Ich gebe Gott als Zehnten soviel, wie ich früher verdient habe.«

Der Pastor sagte: »Beten wir doch zusammen darüber.«

»Okay.«

»Knien wir uns hin.«

»Herr«, betete der Pastor: »reduziere den Lohn dieses jungen Bruders wieder auf 70 Dollar die Woche, damit er seinen Zehnten nur in Höhe von 7 Dollar geben muß.« Da merkte der Pastor, wie an seinem Ärmel gezogen wurde. »Was ist denn los?«

»Schon gut. Hören Sie auf zu beten. Der Groschen ist gefallen. Ich habe verstanden.«

Den Zehnten zu geben funktioniert deshalb, weil es ein göttliches Prinzip dafür ist, wie Gott dir in deinem Leben Wachstum schenkt, deine Finanzen eingeschlossen. Jesus war nicht arm, und ich kann mir keinen Grund aus der Bibel denken, warum er wünschen sollte, daß du arm bist. Doch du mußt dich entscheiden, es wollen und es beschließen, daß du von jedem Dollar, der in deine Hände kommt, dein ganzes Leben lang ihm einen Zehnten geben wirst. Niemand kann diese Entscheidung für dich treffen. Und nur du kannst deine Entscheidung in die Tat umsetzen und eine Saat säen, die dann schließlich als ein Wunder aufgeht.

Schließe einen Bund mit Gott und diene ihm mit deinem Geld

Hier ist nun das zweite Prinzip, das Jesus uns zeigt und das uns lehrt, großzügig zu geben. *Schließe direkt mit Jesus, deinem Herrn und Erlöser, einen Bund und verpflichte dich, ihm persönlich mit deinem Geld in Übereinstimmung mit dem göttlichen Maß zu dienen: ein Zehntel von jedem Dollar, plus Opfer.*

Genau das tat ich: Ich machte einen Bund mit Jesus und verpflichtete mich, ihm mit meinem Zehnten und meinen Opfern zu dienen. Und das veränderte mein ganzes Leben. Und es kann dein Leben verändern, wenn du diese Offenbarung aus dem Wort Gottes in deinem Geist empfängst.

Ich erinnere mich lebhaft an die Zeit, als Gott mir offenbarte, daß ich nun ein Teil Seines Reiches auf Erden wäre, nachdem er mich gerettet und geheilt hatte. Er zeigte mir, daß ich von nun an ein Mann seines Bundes war. Das Erstaunlichste für mich war zu erfahren, daß ich sein Eigentum war und daß alles, was ich war, und alles, was ich besaß, ihm gehörte.

Eine zweite Offenbarung hatte ich einige Jahre später. Ich erkannte nämlich, daß mein Bund mit Jesus alles einschloß, was die Partner Jesu in Lukas 8,1-3 taten. Wenn ich meine Zehnten und meine Opfer gab, diente ich mit meiner Habe Jesus selbst und trug dazu bei, sein Evangelium in der Welt zu verbreiten.

Ich war beinahe atemlos vor Erstaunen und Glück, als ich erkannte, daß ich ein Partner Jesu sein würde, wenn ich meine Finanzen zu einem geistlichen Dienst machte. Ich weiß noch, daß ich meinen Zehnten, und dazu weit darüber hinausgehende Opfer, in meinen Händen hielt und zu Jesus emporhob, mit dem Gefühl, ich legte ihm das Geld direkt in seine Hände.

Ich gab meinen Zehnten meiner Ortsgemeinde und meine Opfer an Missionswerke, die das Evangelium verbreiten. Ich gab Jesus, indem ich Männern und Frauen gab, die Gott zu Verkündigern seines Wortes in Amerika und auf den Missionsfeldern in der ganzen Welt gemacht hatte. Sie sind Werkzeuge Jesu, seine Berufenen, und wenn ich ihnen meinen Zehnten und meine Opfer gab oder schickte, diente ich im Grunde Jesus selbst.

Ich kam zu ganz neuen Erkenntnissen in bezug auf mein Verhältnis zu der Person Jesu. Ich erkannte, daß ich und mein Geben eins sind. Nachdem ich Gottes Wort und seine Richtlinien für die richtige Art des Gebens gelesen hatte, wurde mir klar, daß mein Geld eine Verlängerung von mir ist. Was ich verdiene, erhalte ich durch meine Fähigkeiten, meine Anstrengungen, meinen Schweiß, meine tagtägliche harte Arbeit und dadurch, daß ich nach besten Kräften versuche, eine gute Leistung zu erbringen. Und was ich mit meinem Geld tue, ist eine Möglichkeit, mich selbst einzubringen oder mich auszudrücken. Dies ist einer der Gründe, warum mein Geben eine so aufregende Sache ist, denn ich weiß, ich gebe mich selbst dem Herrn.

Ein Mann hörte mich darüber sprechen und sagte: »Ich bin bereit, Gott mein Leben zu geben, aber mein Geld gehört mir.«

Ich sagte: »Gott wird das zulassen, aber es ist nicht das, was er für Ihr Leben will.«

»Aber ich bin es doch, der mein Geld verdient.«

»Das stimmt nicht. Geld ist auch ein Teil von Gottes Schöpfung. Auch Sie sind eine Schöpfung Gottes. Er gab Ihnen Arbeit und die Kraft und die Fähigkeit, Ihre Arbeit zu tun. Sowohl Sie als auch Ihr Geld gehören Gott, ob Sie es nun zugeben oder nicht.«

»Wo in der Bibel steht das geschrieben?«

Ich nahm mein kleines Neues Testament aus der Tasche, das ich immer bei mir trage, und reichte es ihm. »Schlagen Sie Lukas 8,2.3 auf«, sagte ich.

Als er zu lesen begann, bat ich ihn, es laut vorzulesen.

»... und einige Frauen, die von bösen Geistern und Krankheiten geheilt worden waren: Maria, genannt Magdalena, von der sieben Dämonen ausgefahren waren, und Johanna, die Frau des Chuza, des Verwalters Herodes', und Susanna und viele andere, die ihnen mit ihrer Habe dienten.«

Als er fertig war, sagte er: »Na und, was hat das mit mir zu tun?«

Ich fragte: »Hat Gott etwas für Sie getan?«

»Nun, er hat meine Seele gerettet«, gab er zu. »Und Er hat noch viele andere Dinge für mich getan.«

»Dann lesen Sie noch einmal den letzten Vers«, bat ich.

Er las: »... und viele andere, die ihnen mit ihrer Habe dienten« (v.3).

Er schaute zu mir auf, und es waren Tränen in seinen Augen. »Gütiger Himmel«, sagte er, »ich habe das wohl immer überlesen!«

Ein anderer Mann sagte zu mir: »Ich werde Gott meinen Zehnten geben, nicht aber mich selbst. Ich bin nicht bereit, ein Christ zu werden.«

So etwas habe ich auch schon bei anderen Menschen erlebt. Einer davon war ein Kaufmann. Wenn ich in seinen Laden kam, besonders wenn es noch früh am Morgen und ich der erste Kunde war, sah ich ihn mit seinem Kontobuch in der Hand, und oben auf die erste Seite schrieb er: »Gott, wenn du mich heute segnest, werde ich dir den Zehnten geben.«

Ich fragte ihn, ob er ein Christ sei. Er sagte: »Nein, aber ich habe festgestellt, daß es sich auszahlt, den Zehnten zu geben.«

Soviel kann ich zu seinen Gunsten sagen – er glaubte wirklich, was er sagte, und es ging ihm finanziell sehr gut. Aber ich sagte: »Wenn Sie sehen, daß es sich finanziell auszahlt, Gott Ihren Zehnten zu geben, würde es sich dann nicht noch viel mehr auszahlen, wenn Sie sich selbst Gott gäben, so daß sein ganzer Segen über Sie kommen kann, geistlich, finanziell, für Ihre Familie und für Sie als Zeuge Gottes?«

Wir wurden gute Freunde, aber bald zog ich weg und erfuhr nie, ob mein Rat ihm geholfen und ob er sich entschieden hatte, Gott sein Leben zu geben, so wie er seinen Zehnten gab. Ich hoffe es für ihn, denn wenn man seinen Zehnten gibt, ohne sich selbst zu geben, erhöht sich vielleicht das Einkommen, aber es ist kein Ersatz für all das, was Gott für den Betreffenden in allen Lebensbereichen geplant hat.

Gib mit Lobpreis

Drittens solltest du Gott nicht nur deinen Zehnten, sondern auch ein Opfer des Lobes geben.

In Hebräer 13,15 steht geschrieben: »Durch ihn nun laßt uns Gott stets ein Opfer des Lobes darbringen, das ist: Frucht der Lippen, die seinen Namen bekennen.«

Ich habe entdeckt: Wenn ich Gott mit meinem Mund lobe, dann diene ich ihm und er segnet mich. Wenn ich meine Finanzen zu einem geistlichen Dienst für Jesus mache, öffnet er mir die Fenster des Himmels und gibt meinem Geist frische neue Gedanken, Pläne, Träume und Visionen ein, und zwar in solcher Fülle, daß ich sie kaum aufnehmen kann. Und er bedroht die »Fresser« in meinem Leben »um seinetwillen«, wie er in Maleachi 3,11 sagt.

Es begeistert mich, Gott mit meinen Lippen zu loben. Es ist auch aufregend für mich, ihm mit meinen finanziellen Gaben zu dienen. In meinem Bund mit Gott bedeutet dies für mich einen Dienst. Und ich sage das nicht nur als Prediger, der sein Heiliges Wort predigt. Ich sage das als jemand, der an unseren Herrn Jesus Christus glaubt.

Warum entschließt du dich nicht aufs neue? Mach deine Finanzen zu einem geistlichen Dienst für Jesus und tue es mit Lobpreis!

Sage laut:
»Jesus, du hast mich errettet.«
»Jesus, du hast mich mit deiner heilenden Kraft berührt.«
»Jesus, dir verdanke ich alles Geld, das in meine Hände kommt.«
»Jesus, ich habe das große Bedürfnis, mein Leben, einschließlich meines Geldes, zu einem geistlichen Dienst für dich zu machen.«
»Jesus, ich verspreche dir, dein göttliches Maß bei jedem Betrag anzulegen, den ich zu geben habe – Zehnter und Opfer –, und jedesmal, wenn ich gebe, werde ich in meinem Herzen wissen, daß ich meine Finanzen zu einem geistlichen Dienst gemacht habe.«
»Jesus, ich empfange deine Verheißung, daß du mir die Fenster des Himmels öffnen und mir neue Ideen und Pläne, Träume und Visionen eingeben wirst, die mich einzigartig und erfolgreich machen und mit denen ich große und bedeutende Dinge für den Herrn tun kann.«
»Jesus, jedesmal, wenn ich gebe, empfange ich deine Verheißung, daß du Satan daran hindern wirst, mein Leben zu zerstören. Ich stelle mich auf dein Wort und sage zu Satan: ›Höre auf, es ist genug.‹ Ich preise dich, Jesus, für deine Treue.«

Damit will ich dir aber keineswegs sagen, daß nicht doch harte Zeiten kommen werden. Es gibt einen Teufel, und Jesus sagt, er »kommt nur, um zu stehlen und zu töten und zu zerstören.« Doch Satan ist keine ernste Gefahr für dich, wenn du Gott gehorchst. Gott sagt: »Des Herrn ist die Erde und ihre Fülle« (Ps 24,1). Andererseits heißt es auch: »Satan ist der Gott dieser Welt« (2. Kor 4,4). Doch die Erde mit ihrer Fülle und dieses Weltsystem sind zwei ganz verschiedene Dinge. Unser Gott ist der Gott von allem, was auf diesem Planeten real ist. Ich wiederhole: Kein noch so kleines Stückchen Erde, kein Tropfen Wasser und kein Gramm Gold gehört Satan. Der Prophet sagt: »Mein ist das Silber und mein ist das Gold, spricht der Herr« (Hag 2,8).

Dieses Weltsystem wird von Menschen gelenkt, von denen die meisten von Satan beherrscht werden. Der wahre Reichtum liegt bei Gott, nicht bei Satan. Auf dieser Grundlage sagte Jesus: »Gebt, und es wird euch gegeben werden: ein gutes, gedrücktes und gerütteltes und überlaufendes Maß wird man in euren Schoß geben; denn mit demselben Maß, mit dem ihr meßt, wird euch wieder gemessen werden« (Lk 6,38). Ja, wenn du gibst, wird Gott die Menschen veranlassen, dir eine passende Arbeitsstelle, ein Geschäft oder Karrierechancen anzubieten, oder er wird dafür sorgen, daß dir Geldmittel wie »aus heiterem Himmel« zufließen. Solange du nach dem Wort der Bibel lebst und nach Jesu Gebot gibst, kann keine Macht in Satans Weltsystem es verhindern, daß dir »ein gutes, gedrücktes und gerütteltes und überlaufendes Maß« gegeben wird.

Führe genau Buch

Du sagst: »Wie kann ich dessen sicher sein?« Laß uns das vierte Prinzip betrachten, mit dessen Hilfe Jesus dir in Übereinstimmung mit seinem Wort und einem gottgefälligen Leben Wohlstand gibt.

Viertens: führe genau Buch über deinen Zehnten und deine Opfer, so daß du sicher sein kannst, Gottes Maß für dein Geben eingehalten zu haben.

Ende des letzten Jahres spürte ich den unwiderstehlichen Drang nachzusehen, ob wir wirklich unseren ganzen Zehnten und all unsere Opfer gegeben hatten. Evelyn führt Buch über unsere persönlichen Finanzen, und ich bat sie, das zu überprüfen.

»Oral«, meinte sie, »gib mir ein paar Stunden Zeit, um unsere Bankauszüge durchzugehen, dann kann ich es dir sagen.«

Aber so lange wollte ich nicht warten. »Liebling, sag mir doch einfach, wieviel wir gegeben haben, dann rechne ich es im Kopf zusammen und sehe, ob wir in Relation zu unserem Einkommen in diesem Jahr die richtige Summe gegeben haben.«

Meine Frau ist ein Schatz, aber Kopfrechnen ist einfach nicht ihre Stärke. Sie muß immer Stift und Papier holen und alles schriftlich addieren. Sie sagte: »Also Oral, jetzt laß mich allein und störe mich nicht. Ich sage dir dann Bescheid, okay?«

Also ging ich.

Als ich zwei oder drei Stunden später wiederkam, war sie jeden Betrag, den wir im vergangenen Jahr gegeben haben, durchgegangen und hatte aufgelistet, was wir verdient hatten. Sie sah nicht sehr glücklich aus.

»Ach, Oral«, rief sie. »Wir haben zu wenig gegeben.«

Schnell sagte ich: »Wieviel haben wir auf der Bank?«

»Gerade genug, um unseren vollen Zehnten zu geben.«

»Mach' es noch heute«, sagte ich. Evelyn strahlte über das ganze Gesicht. »Oh, Oral, es macht mich so glücklich, daß wir tun, was Gott sagt, und daß sein Segen uns wirklich zuteil wird.«

Ich erwiderte: »Ja, mir geht es genauso.«

»Ich bin so froh, daß wir über alles, was wir tun, und alles, was wir geben, genau Buch führen«, meinte Evelyn. »Sonst könnten wir nie wissen, wieviel wir gegeben haben.«

»Evelyn, wenn wir immer nur ›nach Gefühl‹ geben würden und nicht genau den ganzen Zehnten plus Opfer wie Gott es sagt, hätten wir auch nicht den vollen Segen Gottes.«

Evelyn sagte: »Wir würden eben planlos geben, ohne uns nach dem zu richten, wie Gott es haben will, ohne Plan, ohne Ziel, einfach so, wie es gerade kommt.«

»Ja«, stimmte ich ihr zu. »Und, so wie es gerade kommt, ist nicht konsequenter Gehorsam. Gott handelt an uns doch auch nicht willkürlich, wie es ihm gerade einfällt. Und wir dürfen es ihm gegenüber auch nicht tun.«

Wir nahmen den Scheck, den Evelyn ausgestellt hatte, und hielten ihn in unseren Händen und lobten Gott. »Gib ihn noch heute auf die Post«, sagte ich, »und laß uns dem Herrn damit dienen.«

Du wirst vielleicht fragen: »Aber wie kann *ich* dem Herrn durch das Geben dienen?« Der beste Rat, den ich dir geben kann, ist: Betrachte dein Geld als einen Teil deines Lebens. Sage: »Dies ist wirklich ein Teil von mir, und ich gebe mich dem Herrn.« Wenn du das tust, wird es dir sicher so ergehen wie Evelyn und mir und vielen anderen, die ich kenne. Dein Geist wird Gott preisen; dein Herz wird mit deinem Opfer mitgehen; dein Geist wird mit dem Heiligen Geist darin übereinstimmen, daß du deine Gabe tatsächlich Gott persönlich gibst.

Beginne noch heute, über deinen Zehnten und deine Opfer Buch zu führen, wenn du diese für Gott zu einer Saat deines Glaubens machst. Aber nicht »wie es gerade kommt«. Es ist der allmächtige Gott selbst, mit dem du zu tun hast.

Kapitel 7
Jesus schüttet kreative Ideen auf uns herab

Ich möchte dir eine Geschichte erzählen, die mehr wert ist als der Preis dieses Buches. Als junger Prediger war ich einige Monate lang Pastor in einer kleinen Gemeinde in Toccoa, Georgia. Ein Ältester in dieser Gemeinde war Bill Lee, Geschäftsführer der LeTourneau-Fabrik, die große Geräte für Erdarbeiten herstellte. Bill erzählte mir, Mr. LeTourneau sei ein tiefgläubiger Christ und sei so reich geworden, daß er Gott nicht mehr 10 % seines Netto-Einkommens gab und 90 % für sich behielt, sondern umgekehrt 90 % gab und von den verbleibenden 10 % lebte.

Ich war verblüfft. Ich gab meinen Zehnten und tat es gern, aber ich hatte noch nicht entdeckt, wie sehr mir das Zehnten-Geben die Fenster des Himmels in Form von gänzlich neuen Ideen und Vorstellungen öffnen könnte, Vorstellungen, die mich im Bereich meines Dienstes aus der Mittelmäßigkeit heraus in die Kreativität bringen würden. Die Ideen für meine Predigten erhielt ich meist aus Büchern, die andere geschrieben hatten, oder indem ich anderen Predigern zuhörte. Meine eigenen Gedanken über die Bibel waren selten originell. Wenn etwas eine Gemeinde zum

Einschlafen bringt, dann ist es ein Prediger, der nur sagt, was andere schon vor ihm gesagt haben. Es fehlt ihm einfach der zündende Funke, manchmal auch die Salbung, die seine Leute aus ihren eingefahrenen religiösen Gleisen reißen könnten.

Bill Lee bestand darauf, mich durch die LeTourneau-Fabrik zu führen. Er zeigte mir die großen Maschinen für Erdarbeiten, die ersten, die es in der Welt je gab, »Tournapulls« und »Carryalls« genannt, die sich durch Tonnen von Erde schaufelten und sie anschließend viele Meter oder auch Kilometer dorthin beförderten, wo die großen Dämme errichtet oder Autobahnen gebaut wurden. Diese Geräte waren die größten Maschinen, die ich je gesehen habe. Als sie innerhalb von Minuten fünf, zehn, zwanzig Tonnen Erde hochhoben und an den Baustellen abluden, konnte ich meinen Augen kaum trauen.

»Sie müssen Mr. LeTourneau unbedingt kennenlernen«, sagte Bill. »All diese Ideen erhielt er durch Zehnten-Geben.«

»Wie meinen Sie das?« fragte ich.

»Ja, die ganze Konzeption für diese Maschinen bekam er, weil er seinen Zehnten gab.«

»Wie ist so etwas nur möglich?«

Bill sagte: »Oral, erinnern Sie sich an Ihre Predigt neulich in unserer Gemeinde, als Sie sagten, wenn wir all unsere Zehnten dem Herrn gäben, würde er uns die Fenster des Himmels öffnen und Segnungen über uns ausschütten, für die wir nicht einmal genug Platz hätten?«

»Ja, ich erinnere mich«, gab ich zu.

Er sagte: »Als einziger von allen Menschen, die ich kenne, hat LeTourneau verstanden, daß Gott keine Geldscheine vom Himmel regnen läßt, wenn er auf uns Segnungen so reichlich herabschüttet, daß wir für sie nicht genug Platz haben. Gott schuf Silber und Gold auf dieser Erde, und von dem, was auf der Erde ist, kommt auch unser Reichtum. Schon bald, nachdem LeTourneau Christ geworden war, begann er, seinen Zehnten zu geben, aber es kamen keine finanziellen Segnungen, die besonders spektakulär wären. Statt dessen wurden seinem Verstand plötzlich neue Ideen und Pläne eingegeben, und er konstruierte danach die Geräte für Erdarbeiten. Je treuer er seinen Zehnten gab, um so mehr neue Ideen kamen ihm, bis sie eines Tages so schnell kamen, daß er alles stehen und liegen ließ und sagte: ›Herr, diese Ideen entstehen nicht einfach so in meinem Kopf, sie kommen von dir!‹« Ich fragte ihn, woher Mr. LeTourneau denn wußte, daß ihm diese Ideen eingegeben wurden, weil er seinen Zehnten gab. »Oh, das war ganz einfach. Sobald er seinen Zehnten nicht mehr gab, waren die Ideen nur sehr verschwommen oder kamen gar nicht mehr. Sobald er begann, eine Idee in die Praxis umzusetzen, verflüchtigte sie sich. Doch als er wieder anfing, regelmäßig seinen Zehnten zu geben, kamen die Ideen wieder. Und alle waren klar und deutlich.«

»Was tat er dann?«

»Er ließ Konstrukteure kommen und ließ sie nach seinen Vorstellungen Pläne für die riesigen Geräte und Fahrzeuge zeichnen. Da er selbst so etwas wie ein Ingenieur war, setzte er sich zu den Konstrukteuren und Ingenieuren und half ihnen, wenn sie bei den Entwürfen dieser Geräte nicht weiter wußten.«

»Hatte er nur die eine Idee?«

»Nein, nicht nur die eine. Er fing an, mit Gott über seinen Zehnten zu sprechen und erzählte ihm, er wisse, daß der Zehnte dem Herrn gehöre, daß er heilig sei und daß Jesus gesagt hat, der Zehnte müsse mit dem Glauben ›vermischt‹ gegeben werden. Doch Glaube an was, fragte er Gott. Da hörte er Gott in seinem Geist sprechen und sagen, daß den Zehnten zu geben das Innere eines Menschen aufnahmebereit mache für die großartigsten Ideen, die Gott geben kann. Wenn der Mensch glaubt, daß diese Ideen von Gott kommen, macht Gott die Ideen für den Menschen klar und deutlich, daß heißt deutlich in einer Weise, daß die anderen diese Ideen erst sehen können, wenn derjenige, der die Idee empfangen hat, sie den anderen mitteilt.«

»Und das hat Mr. LeTourneau mit seinen Ingenieuren und Konstrukteuren gemacht?«

»Ohne seine Ideen, die all die klugen Leute so sehr verblüfft haben, hätten diese Geräte nie konstruiert werden können. Er war tatsächlich so erfolgreich damit, daß er jetzt 90 % statt 10 % seiner Einkünfte gibt. Und seit der Zeit beschäftigt er Tausende von Menschen und kann immer noch nicht mit der Nachfrage Schritt halten. Sie sollten sein Buch lesen, *Gott ist mein Geschäftspartner*.«

Ich dachte, daß ich beim Geben meines Zehnten irgendetwas falsch gemacht haben muß. Ich hatte die Verheißung, daß Gott über uns »Segnungen vom Himmel herabschüttet, für die wir nicht genug Raum haben«, nie mit kreativen Ideen in Zusammenhang gebracht. Augenblicklich verstand ich, wie Ideen, die direkt – auf übernatürliche Weise – vom Himmel kamen, den Kopf eines Menschen mehr als füllen können. So etwas hatte auch ich schon erlebt, aber ich wußte nicht, was ich mit diesen Ideen anfangen sollte. Ich wußte nicht, daß das, was ich an Ideen aufnahm, eines Tages dazu beitragen würde, die erste charismatische Universität der Welt zu bauen und ein bedeutendes Gesundheitszentrum zu errichten, wo Gottes heilende Gebetsströme mit der Medizin in Einklang gebracht wurden.

»Oral, möchten Sie R. G. LeTourneau gerne kennenlernen? Ich habe gerade erfahren, daß er in dieser Woche hier sein wird.«

»Ob ich das möchte?« sagte ich. »Natürlich möchte ich.«

Als ich ihn traf, schaute er mich von oben bis unten an. »Wie alt sind Sie, junger Mann?«

»Dreiundzwanzig.«

»Und Sie sind schon Prediger.«

»Ja, Sir.«

»Also, ich fliege heute abend noch mit meinem Flugzeug in eine andere Stadt, um dort vor tausend Menschen Zeugnis abzulegen. Wollen Sie und Bill mit mir kommen?«

Diese Gelegenheit ließ ich mir natürlich nicht entgehen. Ich durfte auf dem ganzen Hin- und Rückflug neben ihm sitzen. Ich hörte also nicht nur seine einstündige Rede vor diesen Männern, sondern er erzählte mir auch viele Einzelheiten aus seinem Leben, als ich während des Fluges neben ihm saß.

Als R. G. LeTourneau ein Christ wurde, war er ein armer Mann. Er hatte einen großen Traum und einen großen Wunsch. Er hatte Maleachi 3,10.11 gelesen und hatte sich entschieden, Gottes Wort wörtlich zu nehmen. Er entschloß sich, ihm den Zehnten seines Einkommens zu geben und Gott zu seinem Geschäftspartner zu machen. Er sagte: »Ich hatte gelernt, daß die Zahl zehn in der Bibel immer im Zusammenhang mit Zuwachs und Segen gebraucht wird. Und ich hatte erkannt, daß ich ohne Wachstum mit meinem Geschäft untergehen würde. Ich hatte den Traum, diese großen Straßenbaumaschinen zu konstruieren, was noch keiner vor mir gemacht hatte, und wollte Gott damit auf die Probe stellen. Ich hatte den Traum, hatte aber keine Ahnung, wie ich ihn in die Geschäftspraxis umsetzen könnte. So stellte ich Gott und das, was er gesagt hatte, auf die Probe, um zu sehen, ob er wirklich die Fenster des Himmels öffnen und den Segen auf mich herabschütten würde, einen Segen so groß, daß ich nicht genug Raum dafür hätte.«

»Und handelte es sich bei diesem Segen um Geld?« wollte ich wissen.

»Nein. Ich habe nie an Geld gedacht. Niemals. Ich dachte an Ideen. Ich wußte, daß die Welt von Ideen lebt. Also sagte ich Gott, ich würde ihm dienen und ihm, wie er das verlangt hatte, meinen Zehnten geben. Ich tat es gerne, aber ich wollte, daß er sein Versprechen hält und seinen Teil der Abmachung erfüllt.«

»Seinen Teil der Abmachung?«

»Ja, das bedeutete, daß er mir helfen würde, meinen Traum in die Praxis umzusetzen und mir zeigen würde, wie ich diese großen Maschinen bauen könnte.«

»Und was geschah?«

»Nun, die Ideen kamen, die Ideen überschwemmten buchstäblich meinen Verstand. Meine vorherige Arbeit bestand darin, Erde wegzuschaffen mit einer Schaufel, die von zwei Mulis gezogen wurde. Ich brauchte Tage, manchmal Wochen, um das zu tun, was eigentlich nur Stunden hätte dauern dürfen. Und da waren die Autobahnen, die gebaut werden mußten, als diese Nation immer größer wurde. Dämme mußten errichtet werden, weil die Bevölkerung Wasser brauchte, das durch Rohre in die Städte geschafft werden sollte. Oh, das habe ich alles deutlich vor mir gesehen. Aber wo waren die innovativen Ideen, die uns weg von Schaufeln und Mulis und hin zu den großen Maschinen bringen würden?«

»Ja, wo waren sie, Mr. LeTourneau?«

»Mein Junge, die waren bei Gott, und ich stellte ihn mit meinem Zehnten und mit meinen Opfern auf die Probe, um zu sehen, ob er sie über mich ergießen würde!«

»Und das hat er getan?«

»Ja, das hat er getan. So deutlich, wie ich meine Hand vor Augen sehe, sah ich, wie diese Maschinen gebaut werden müßten, die die Nation in eine neue Ära führen würden.«

»Und Sie glauben, daß Ihnen diese Ideen vom Himmel her eingegeben wurden?«

»Ja, unbedingt. Und ich habe nur einige wenige von ihnen benutzt. Da gibt es Maschinen, die noch größer sind als die, die wir jetzt haben, noch viel größer. Mein Junge, mit Gott als Geschäftspartner werden wir bald nicht nur fünf, sondern zehn oder gar zwanzig Tonnen Erde auf Schaufeln verladen können, die so groß sind, daß es über Ihre Vorstellungskraft geht.«

Dann erzählte er mir, wie all dies ihm beinahe völlig entgangen wäre. »Wollen Sie das hören?« fragte er. »Sie sind jung, Sie werden noch Fehler machen, und wenn Sie Fehler machen, wird der Teufel versuchen, Sie mutlos zu machen, damit Sie aufgeben. Also hören Sie gut zu.«

»Eines Tages machte ich einen schlimmen Fehler. Wir hatten ein fantastisches Jahr. Meine Buchhalter kamen und zeigten mir unsere Gewinne – eine Million Dollar! Mein Zehnter belief sich auf 100.000 Dollar.«

Er machte eine Pause, wie um diesen ersten Augenblick der Krise noch einmal zu durchleben.

»Ich dachte bei mir: ›Mein Gott, ich habe noch nie vorher in meinem Leben 100.000 Dollar verdient. Jetzt beläuft sich mein Zehnter auf 100.000 Dollar im Jahr.‹ Dann hörte ich eine leise Stimme, von der ich dachte, sie käme aus mir selbst, und sie sagte: ›Das ist zuviel, um es Gott zu geben. Nimm diese 100.000 Dollar und investiere sie in das Geschäft und verdiene noch mehr, dann gib Gott deinen Zehnten im nächsten Jahr.‹«

»Entschuldigen Sie«, sagte ich. »Sie sagten, Sie hätten eine leise Stimme gehört und Sie hätten gedacht, es wäre Ihre eigene, die Ihnen sagt, was Sie zu tun hätten?«

»Um ganz ehrlich zu sein, ich habe vielleicht sogar gedacht, es sei Gott selbst, der zu mir spricht, doch später wurde mir klar, daß es die Stimme des Teufels war, der mich versuchte. Nun, jedenfalls regnete es im nächsten Jahr so viel, daß meine Maschinen im Morast versanken, und wir konnten unsere Verträge nicht erfüllen. Am Ende des Jahres hatten wir einen Verlust von 100.000 Dollar gemacht und waren in ernsten Schwierigkeiten.«

Wieder machte er eine Pause, sein Gesicht verzog sich schmerzlich. »Es war, als hätte Gott erkannt, daß ich dachte, ein Zehnter in Höhe von 100.000 Dollar wäre zu viel für ihn, und als wollte er mir deshalb sagen: ›Dann kümmere dich selbst um das Geld. Vielleicht bist du ja klüger als ich.‹ Nun, als ich sah, in welchen Schwierigkeiten wir steckten, rief ich den Vorstand der Firma zusammen. Ich sagte zu ihnen: ›Ich wünsche, daß Sie

Firmenanteile in Höhe von 100.000 Dollar verkaufen. Ich werde nachträglich den Zehnten zahlen, den ich im vergangenen Jahr Gott vorenthalten habe.‹ Sie sagten: ›Mr. LeTourneau, das könnte den Ruin für die Firma bedeuten.‹ Ich sagte: ›Und weil Sie das jetzt gesagt haben, möchte ich, daß Sie Anteile im Wert von 200.000 Dollar verkaufen. Ich will die 100.000 Dollar, die ich Gott nachträglich gebe, verdoppeln.‹«

Ich konnte das alles kaum fassen, aber ich hörte aufmerksam zu. Er sagte: »Nachdem ich diese Anweisungen gegeben hatte, ging ich nach Hause und schlief ein. Am nächsten Morgen wachte ich erfrischt auf und sagte mir: ›Gott ist mein Geschäftspartner.‹ Ich hatte einen dummen Fehler gemacht. Ich hatte geglaubt, daß es jederzeit wieder regnen könnte und daß ich irgendeine Idee brauchte, um meine Maschinen zu verändern, so daß sie immer noch Erde fortschaffen können, selbst wenn es junge Hunde regnet. In der nächsten Nacht, während ich schlief, gab Gott meinem Verstand viele Ideen ein. Ich erwachte am nächsten Morgen, rief meine Ingenieure zusammen und sagte: ›Folgende Änderungen sollen gemacht werden.‹ Sie sagten: ›Das wird nicht gehen.‹ Ich sagte: ›Ich bezahle Sie, damit Sie das tun, was ich sage. Tun Sie es.‹« Sie führten diese Änderung durch, und bald waren große Maschinen mit neuer Kapazität in der Produktion.

Ich fuhr zu meiner Gemeinde nach Oklahoma zurück und habe nie vergessen, was R. G. LeTourneau mir erzählt hatte. Eines Tages las ich in der Zeitung, daß er sein Unternehmen für viele Millionen Dollar an einen der großen amerikanischen Konzerne verkauft hatte, der diese großen Maschinen heute noch herstellt.

Bevor Mr. LeTourneau starb, gründete er das LeTourneau College in Longview, Texas, um jungen Männern aus armen Familien zu helfen. Es verbindet theoretische und praktische Ausbildung und hat nicht seinesgleichen. Der Rektor dieses Colleges hat mich einmal eingeladen und bat mich, den Studenten die Geschichte zu erzählen, die ich Ihnen gerade eben geschildert habe.

Das letzte Gespräch, das ich mit LeTourneau hatte, dem Mann, der Gott zu seinem Geschäftspartner gemacht hatte, fand statt, kurz bevor ich wieder zurück nach Oklahoma zog.

»Ich gebe meinen Zehnten nicht mehr«, sagte er.

»Aber ich dachte, Sie hätten durch Ihren Zehnten Gott auf die Probe gestellt und entdeckt, daß er Ihnen so viele Ideen eingegeben hätte, daß Sie sie kaum unterzubringen wüßten, und daß alle Ideen, mit deren Hilfe Sie Maschinen zum Wohle der Menschheit bauen, von Gott kämen«, sagte ich.

»Nun, ich fing an, Gott zwanzig statt zehn Prozent zu geben. Ich hatte soviel Erfolg, daß ich den Zehnten auf dreißig Prozent erhöhte und von den verbleibenden siebzig Prozent lebte. Schließlich gab ich fünfzig und lebte von den anderen fünfzig. Dann entdeckte ich, daß ich Gott gar nicht genug geben könnte. Heute gebe ich Gott neunzig Prozent meines Netto-Einkommens und lebe von den restlichen zehn Prozent.«

Viele Menschen haben mich gefragt, warum ich während der ganzen Jahre meines Heilungsdienstes (der Evangeliumsverkündigung mit anschließendem Gebet für Kranke) beim Predigen immer so besonders viel Wert auf den Zehnten gelegt habe, auf Geben und Empfangen, was der biblischen Vorstellung des Saatglaubens entspricht.

Ich glaube immer mehr, daß Gott mich den Weg eines Mannes kreuzen ließ, der verstanden hatte, daß die überwältigenden Segnungen, die Gott auf die ergießt, die regelmäßig ihren Zehnten geben, nicht in Form von Geld von den Fenstern des Himmels kommen, sondern als Ideen und Konzeptionen. Ich sah es und glaubte es. Und ich rechnete immer stärker damit, daß ich Ideen empfangen würde, um meinen Traum von Gottes heilender Kraft für meine Generation in die Tat umzusetzen. Ich wußte, ich würde Millionen von Dollar brauchen, um all das zu tun, was nötig wäre, um die göttliche Heilungsbotschaft in Amerika und in der ganzen Welt bekanntzumachen. Ich hatte kaum Geld, nur einen Traum und einen Ruf von Gott, aber ich wußte nicht, wie ich diesen weltumfassenden Traum verwirklichen könnte. Ich wußte nicht, wie ich die Prediger, die Gemeinden oder die Menschen außerhalb des Reiches Gottes beeindrucken könnte. Niemand hatte je einen so umfassenden Traum verwirklicht wie den, mit dem mein Geist schwanger ging.

Was das Geben des Zehnten betrifft, waren Evelyn und ich übereingekommen – und hatten abgemacht, von dieser Übereinkunft nie abzuweichen –, daß wir unseren Zehnten regelmäßig, und mit Dank und Lobpreis geben und dafür von Gott erwarten würden, daß er uns die Fenster des Himmels öffnet und Ideen auf uns herabschüttet, wie er das bei Mr. LeTourneau getan hatte. Der einzige Unterschied bestände darin, daß diese Ideen uns helfen würden, auf dem Gebiet der Heilung erfolgreich zu wirken.

»Kein Erfolg ohne Nachfolger« war eine unserer wichtigsten Ideen. So war die Oral-Roberts-Universität mit inzwischen mehr als 10.000 Absolventen (und Tausenden, die die Universität ein Jahr und länger besucht haben) eine der bedeutenden Ideen, die Gott mir und Evelyn als meiner Helferin eingegeben hat. Dann entstand das City of Faith Medical and Research Center (Krankenhaus und Forschungszentrum zugleich), der größte zusammenhängende medizinische Komplex auf einem Gelände von über 2.200.00 Quadratmetern, dann die School of Medical Missions (Universität zur Ausbildung von Missionsärzten), die ich gründete, als Gott mir den Gedanken eingab, den Dienst des Paulus mit dem Dienst des Lukas zu verbinden. Gott gab mir die Idee, die Oral-Roberts-Universität mit ihrer medizinischen Fakultät dafür zu nutzen, Missionsärzte in die ganze Welt auszusenden und so dem Evangelium Türen zu öffnen, die bislang verschlossen waren.

Predigen, Lehren, Heilen – der dreifältige Dienst Jesu (siehe Mt 4,23) – ist ein weiterer Gedanke, den Gott mir eingab. Meinen ganzen Dienst lasse ich diesem Muster folgen: Das Evangelium mit den nachfolgenden Zeichen predigen, an der Oral-Roberts-Universität und der medizinischen Fakultät lehren, heilen durch Händeauflegen, durch das Wort der Erkenntnis und durch die Kombination von Gebet und medizinischen Heilverfahren – das alles soll über Fernsehen und Satellit dieser ganzen Generation zugänglich gemacht werden. Als ich damals als 23jähriger Prediger Mr. LeTourneau über die riesigen Summen sprechen hörte, die er verdiente und von denen er den Zehnten gab, und über die Ideen, aus denen diese Summen kamen, konnte ich nicht ahnen, daß eines Tages mehr als eine Milliarde von Dollar als Frucht unserer Ideen, unserer Arbeit und unserer Bemühungen durch unsere Hände laufen würden. Dieses Geld würde gebraucht werden, um einen weltweiten Evangelisations-, Lehr- und Heilungsdienst durchzuführen. Und ich glaube, daß all das nur geschehen konnte, weil wir übereingekommen waren, den Zehnten zu geben, auf Gottes Ideen und Vorstellungen zu hören und diese Ideen durch unseren Glauben und durch unsere Arbeit zu verwirklichen.

Ich lebe noch, ich bin gesund und ich gebe immer noch meinen Zehnten, wie zu der Zeit, als ich zum Glauben kam und geheilt wurde und den Ruf erhielt, meiner Generation Gottes heilende Kraft zu bringen.

Es gab Zeiten, in denen ich beinahe aufgehört hätte, meinen Zehnten zu geben. Ich habe es beinahe zugelassen, daß die Leute, die sagten – und immer noch sagen – »Das kannst du doch nicht tun«, mich daran hinderten zu geben. *Beinahe.*

Doch ich habe ein Geheimnis entdeckt, kein richtiges Geheimnis allerdings, denn alle können es in der Bibel nachlesen. Das heißt: Jesus war nicht arm, wie viele glauben. Wir können ihn zu unserem Geschäftspartner machen und mit seinen ewiggültigen Prinzipien in Übereinstimmung kommen. Unser Zehnter und unsere im Glauben und mit Freude gegebenen Opfer veranlassen Gott, unserem Geist Ideen und Einfälle einzugeben. Im Glauben entscheiden wir uns mutig, diese Ideen auszuführen, auch wenn wir Fehler machen und Rückschläge erleiden.

Ein Geheimnis ist nur solange ein Geheimnis, bis es offenbart wird. Das Geheimnis der Ewigkeit ist einfach. Gott offenbarte es in der Bibel, und die Menschen begannen, es zu entdecken und anzuwenden. Niemand muß heute mehr sagen, er wisse nicht, wie er Ideen und Einfälle von Gott empfangen könne, die sein ganzes Leben verändern werden. Es gibt ein geflügeltes Wort:
»Ohne Gott kann ich nicht,
Ohne mich wird er nicht.«

Aktiviere deinen Glauben, und du wirst sehen, was Gott für dich ... und durch dich tun kann!

Kapitel 8
Wie dein Geist schwanger werden kann, so daß du dein Wunder erwarten kannst

Erwartung ist das Schlüsselwort, das ich als das wichtigste entdeckt habe und das sich auf die Erwartung eines Wunders bezieht. In der Geschäftssprache würde man es so ausdrücken: »Durch die innere Haltung der Erwartung machen wir den Handel perfekt«.

Das erste Mal, daß mir die Bedeutung dieses Wortes richtig aufging, war die Zeit, in der Evelyn unser erstes Kind Rebecca erwartete. Ich hörte unsere Freunde sagen: »Evelyn erwartet ein Baby«. Natürlich war ich begeistert, daß wir nun bald ein Baby haben würden, in gewissem Sinn erwarteten wir also beide ein Kind. Aber in Wirklichkeit war es Evelyns Körper, in dem die biologische Uhr tickte, die die Ankunft des Babys bestimmte. Je näher der Geburtstermin heranrückte, um so mehr bestimmte das Wort »erwarten« unser Leben. Wir mußten aufpassen, wohin wir gingen, wie lange wir blieben, ob der Arzt in der Stadt sein würde, ob dies oder ob jenes.

Ein Kind zu erwarten, war anders als jede andere Art des Wartens oder des sich Freuens auf irgendein Ereignis. Denn hier ging es um das Wunder der Geburt; es ging um das Leben eines Kindes. Die Zeit seiner Ankunft hatte Vorrang vor allem anderen. Doch die wahre Bedeutung von Evelyns Zustand erfaßte ich erstmals in der Nacht, als die ersten Wehen einsetzten. Es war unser erstes Kind, und ich bekam den Schreck meines Lebens.

Einige Monate zuvor hatte ein Arzt ziemlich genau die Zeit vorausgesagt, zu der das Baby geboren werden würde, wenn alles gutginge. Als junger Prediger hatte ich den Kopf voller Probleme, die mit meinem Beruf zusammenhingen, als die ersten Anzeichen sich bemerkbar machten. Ich fragte: »Evelyn, was sollen wir jetzt tun?«

»Als erstes müssen wir herausfinden, wo der Arzt ist«, meinte sie. Wir hatten kein Telefon, also sprang ich ins Auto und raste zu seiner Praxis, mußte aber feststellen, daß sie geschlossen war. Ich konnte kein Münztelefon benutzen, denn es gab damals keins in unserer kleinen Stadt, und so klopfte ich an die nächstbeste Tür und stammelte atemlos: »Darf ich bei Ihnen telefonieren, es ist ein Notfall.«

Der Arzt am anderen Ende befragte mich in aller Gemütsruhe über Evelyns Zustand und berechnete die ungefähre Zeit, zu der er kommen und das Baby holen würde. Ich raste mit meinem Autochen nach Hause zurück und erstattete Evelyn Bericht. Damals wußten wir das noch nicht, was der Arzt später sagte: »Evelyn, Sie sind wie geschaffen dafür, Kinder zu bekommen, und das sehr schnell.« Etwa zwei Stunden später erklärte Evelyn: »Oral, geh ihn anrufen, er soll zusehen, daß er sofort hierher kommt.« Ich fuhr zurück zu demselben Haus, bat noch einmal darum, das Telefon benutzen zu dürfen, und sagte dem Arzt, es wäre soweit. Diesmal war er nicht so gelassen. »Bleiben Sie, wo Sie sind«, sagte er.

Kurz darauf rief er zurück. »Die Hebamme wohnt außerhalb, sie hat kein Telefon. Sie müssen sie abholen und spätestens in einer Stunde, aber besser noch früher, mit ihr wieder zurück sein.«

Der Arzt gab mir eine Wegbeschreibung zu ihrer Wohnung, etwa zehn Meilen außerhalb der Stadt, doch ich war so nervös, daß ich kaum zuhören konnte. Als ich alles genau notiert hatte, sprang ich in mein kleines blaues Chevrolet-Coupé, das noch aus der Zeit stammte, in der ich Evelyn den Hof gemacht hatte, und raste wie ein Verrückter zu einem Haus in einer Gegend, wo ich nie zuvor gewesen war. Es war nach Mitternacht. Ich hatte keine Ahnung, wie schnell ich auf diesen Landstraßen gefahren war, aber als ich die Hebamme schließlich fand, sie in den Wagen verfrachtete und zurückraste, merkte sie, wie schnell ich fuhr. »Sie fahren ja 80 Meilen in der Stunde«, kreischte sie. Als der Wagen in die Auffahrt hineinglitt, mußte ich ihr helfen auszusteigen. Sie war kreidebleich und brachte kaum ein Wort heraus. »Folgen Sie mir«, sagte ich. Innerhalb von Sekunden hatte ich sie in das Schlafzimmer geschoben, wo sich Evelyns »Erwartung« in eines der schnellsten Wunder verwandeln sollte, das die Welt jemals gesehen hat.

Der Arzt gab der Hebamme Anweisungen, und mir sagte er, ich solle mich an das Fußende des Bettes stellen, er und Evelyn und Gott – und das Baby – würden dann den Rest tun.

Ich weiß bestimmt, daß ich schwerer arbeitete als sie alle. »Erwartung« hatte eine ganz reale Bedeutung für mich bekommen. Neun Monate waren zu einer einzigen Stunde geworden, als ich auf zwei Rädern um die Ecken bog, und dann zu Minuten, als der Arzt, die Hebamme und Evelyn dem Baby klarmachten, seine Zeit sei jetzt gekommen, und als ich dastand und zusah, wie ein Wunder geboren wurde.

Dann legten sie das kleine schwarzhaarige »Papoose« [1] mit einem Schuß Indianerblut in die Arme ihres Daddys, und alles, was ich dachte, war: »Gott, hoffentlich lasse ich sie nicht fallen!« Sie sahen, daß ich mich in einem kritischen Zustand befand. Sie nahmen mir das Baby wieder ab und sagten, ich solle mir ein Glas Wasser holen. Im Laufe der Jahre bekamen wir noch drei weitere Kinder, und ich wurde so etwas wie ein alter Hase, aber ich werde immer daran denken, wie ich bei der Geburt meines ersten Kindes zu der Erkenntnis kam, daß das Wort »erwarten« eines der wichtigsten Wörter der menschlichen Sprache ist.

---

1 Anm. des Verlages:
Amerikanischer Ausdruck für Indianerbaby.

Was ich über Wunder gelernt habe, ist die Tatsache, daß sie unter denselben gottgegebenen Voraussetzungen funktionieren. Um ein Wunder zu bekommen, müssen wir uns in demselben Zustand der Erwartung befinden, wie zu der Zeit, als wir unsere Kinder bekamen.

Wunder beginnen mit einem Samen, den man sät. Selbst Jesus, Gottes Sohn, der das größte Wunder ist, das den Menschen je gegeben wurde, nennt man »der Same Davids« (Röm 1,3). Dieses Wunder geschah nach Gottes Plan. So wie Gott das Ereignis von Jesu Geburt (wie auch seines Todes, seiner Auferstehung und seiner Wiederkunft) plante, und zwar als Wunder für unsere Erlösung, so plant er alle Wunder, die uns widerfahren. Das ist seine Aufgabe, unsere Aufgabe ist es, uns in die richtige Lage zu bringen, jedes dieser Wunder zu empfangen. Und wenn wir unsere Saat im Glauben gesät, auf Gott als auf unsere Quelle gesehen und aus tiefem Herzen und ohne Zweifel geglaubt haben, gibt es noch etwas äußerst Wichtiges, das wir tun müssen: *erwarten*.

Es hat keinen Sinn, sich etwas vorzumachen. Wir können nicht damit rechnen, etwas zu empfangen, ohne die Bedingungen dafür erfüllt zu haben. Im wirklichen Leben entsteht nichts aus dem Nichts. Evelyns Schwangerschaft, die sie in einen Zustand der Erwartung versetzte, ist nicht realer als unser geistliches »Schwangerwerden«, das uns ermöglicht, etwas Konkretes von Gott zu erwarten.

Dr. Paul Yonggi Cho, Pastor der größten Gemeinde der Welt, der 600.000 Mitglieder umfassenden Yoido Full Gospel Church in Seoul, Korea, erzählt in seinem Buch *Die vierte Dimension* wie er mit einer Idee schwanger ging, als er diese Gemeinde vor dreißig Jahren mit einer Handvoll Leuten ins Leben rief. Die Idee war etwas, wofür er eine Saat gesät hatte, indem er Gott seinen Zehnten gab, wofür er gebetet hatte, woran er geglaubt hatte, was er erwartet hatte, bis es für diese Idee an der Zeit war, geboren zu werden. Seine große Gemeinde hört nicht auf, auf wunderbare Weise zu wachsen und an Einfluß zuzunehmen, weil die Menschen die Idee der Schwangerschaft verstanden haben und weil die Erwartung alle Gemeindemitglieder durchdrungen hat.

Vor kurzem predigte ich in einer seiner sieben Sonntagsgemeinden, von denen jede über 50.000 Mitglieder hat, in dem großen Gotteshaus in Seoul. Bevor ich predigte, begannen diese Tausende von erwartungsvollen Menschen zu beten – gleichzeitig. Es war so überwältigend, daß ich den Geist der Erwartung buchstäblich in mir aufsteigen fühlte. Man sagt, wenn die NASA eines ihrer Raumschiffe ins Weltall schickt, sei das Geräusch, das es auf der Abschußrampe in einem Flammenmeer zurückläßt, wie das Rauschen gewaltiger Wasser, die alles überfluten. Einer der Fernsehreporter, der darüber berichtete, erzählte mir: »Wir dürften nicht näher als eine halbe Meile rangehen, trotzdem hat uns das Startgeräusch beinahe umgeworfen. Es überwältigte uns und nahm uns alle Kraft, den Platz aufzusuchen, wo wir vor dem Geräusch sicher wären und von wo wir das Aufsteigen des Raumschiffes beobachten könnten.«

Ungefähr so habe ich mich an jenem Sonntagmorgen gefühlt, als die Erwartung, die diese koreanischen Christen die ganze Woche über in ihren Herzen herumgetragen haben, in ihrem gleichzeitigen Gebet den Weg zu Gott fand. Das mächtige Rauschen ihrer Stimmen überwältigte mich und verdrängte alle übrigen Geräusche innerhalb meiner Hörweite.

Dr. Cho stand auf, um mich vorzustellen und meine Botschaft zu übersetzen. Ich lehnte mich hinüber und brüllte ihm ins Ohr: »Dr. Cho, was ist das für eine Kraft, die ich in ihren Gebeten fühle und die diesen Saal erfüllt und mein ganzes Sein überwältigt?«

»Ah, Dr. Roberts«, sagte er, »sie sind schwanger mit Visionen und Träumen, sie stellen sich vor, wie Gott die koreanische Nation, und dann die ganze Welt, für Christus gewinnt. Was Sie fühlen, ist ihre Erwartung, daß neue Kinder in das Reich Gottes geboren werden.«

Ich verstand.

Jedes Wunder, mit dem ich je »schwanger ging«, erfüllte mich mit demselben Zustand der Erwartung. Am besten kann ich es auf diese Weise erklären: Wenn ich weiß, daß meine Glaubenssaat wirklich gesät ist und auf guten Boden gesät ist; wenn ich weiß, daß ich auf Gott schaue und ihn als einzige Quelle aller Dinge sehe; wenn ich weiß, daß ich weiß, daß ich alles getan habe, was ich mit meinem Glauben und meinen Bemühungen tun konnte, dann *wird der Heilige Geist mich auf wunderbare Weise von meinen Zweifeln befreien*. Er führt mich in einen Zustand des Wissens... des Erwartens... bis ich in einem ganz realen Sinn NICHT MEHR ZWEIFELN KANN! Erwartung ist überwältigend.

Dr. Larry Lea, Gründer und Pastor der *Church on the Rock* in Rockwall, Texas, sagte zu mir: »Oral, Gott sprach vor neun Jahren in meinem Herzen und befahl mir, mit meiner Frau und meinen Kindern nach Rockwall zu ziehen, einer Stadt mit nur 7.000 Einwohnern, Bezirksstadt des kleinsten Bezirks in ganz Texas, und ihm dort eine große Kirche zu bauen. Es bestand für mich überhaupt keine Möglichkeit, es zu realisieren, aber ich wußte in meinem ›Wisser‹, daß ich es tun mußte. Durch den Heiligen Geist und indem ich Dr. Chos Beispiel folgte, wurde ich in meinem Glauben und in meiner Vision schwanger und zog in diese Stadt. Ohne Gebäude, ohne Mitglieder und mit kaum genug Geld, um meine Familie zu ernähren, fing ich mit weniger als zwanzig Leuten an.«

Als Larry mich 1987 bat, ihm dabei zu helfen, die neue riesige Kirche mit den 11.000 Sitzplätzen einzuweihen, mußten wir uns unseren Weg durch den Verkehr erkämpfen, der die Straßen dieser kleinen Stadt buchstäblich stillegte. Als ich in die Gesichter der vielen tausend Menschen sah, die das riesige neue Gebäude füllten, fragte ich Larry: »Was war es, daß dir geholfen hat, diese großartige Gemeinde so weit zu bringen?«

Die Herrlichkeit Gottes leuchtete in seinem Gesicht, als er erklärte: »Ich und all jene, die mit mir glaubten, taten alles, was wir konnten – säten unseren besten Samen, arbeiteten Tag und Nacht, räumten alle möglichen Hindernisse aus dem Weg und gingen innerlich schwanger mit der Vision einer Kirche, die tatsächlich auf einem Felsen steht. Und dann taten wir das Eine, das ich dich so oft habe sagen hören: *Wir erwarteten!*«

»Und was war mit den Tagen, als alles so aussah, als sei dies nur eine verrückte Idee von Larry?« Er lächelte und sagte: »Oral, dann haben wir einfach weitergearbeitet, weitergeglaubt und weiter-erwartet.«

Freunde von mir von überall her fliegen nach Dallas, um an einem der Sonntagsgottesdienste der *Church on the Rock* teilzunehmen, und sie alle berichten mir, ihr Glaube werde dadurch so mächtig gestärkt, daß es ihr ganzes Leben verändert. Einige sagten: »Wenn Larry Lea ein solches Wunder erwarten kann, dann kann auch ich mein Wunder erwarten!«

Wenn du deinen Zehnten und deine Opfer als eine Saat deines Glaubens gibst, dann werden – so weiß ich – jeden Tag Wunder zu dir kommen oder auch an dir vorbeigehen. Wenn du nicht in der Haltung der Erwartung bist, wird dein Wunder an dir vorübergehen, und du wirst dich fragen, warum Gott dir nicht hilft. Wenn du erwartest, wirst du dein Wunder erkennen, wenn es kommt, du wirst die Hand danach ausstrecken und es empfangen. Dann wirst du wissen, daß Gott deine Erwartung erfüllt.

Aber denke daran, daß du von einer Scheinschwangerschaft nichts erwarten kannst.

Einer unserer Ärzte im City of Faith Medical Center bat mich einmal, ihm bei einer Frau zu helfen, die felsenfest behauptete, sie sei schwanger, obwohl die Untersuchungen ergeben hatten, daß sie es nicht war. Aber sie wollte das Krankenhaus nicht verlassen, ehe ich nicht bestätigt hätte, was die Ärzte ihr gesagt hatten.

»Ich bin kein Arzt«, sagte ich.

»Eigentlich weiß sie, daß sie nicht schwanger ist, aber sie hat sich derart auf die Idee fixiert, daß wir überhaupt nichts dagegen machen können.«

Sie tat mir leid, aber ich war auch ein wenig ärgerlich. Besonders als ich ins Krankenhaus kam und sah, wie sie Zeit und Geld – von ihr selbst und von uns – verschwendete. Als ich neben dem diensthabenden Arzt in ihr Zimmer kam, sagte sie:

»Oh, Bruder Roberts, ich bin so froh, daß Sie da sind. Bitte sagen Sie ihnen, daß ich schwanger bin.«

»Versprechen Sie mir, daß Sie das tun werden, was ich Ihnen sage?«

»Ja, ich verspreche es.«

»Allen Untersuchungsergebnissen zufolge sind Sie nicht schwanger, Ihre Erwartung ist falsch. Stehen Sie auf, ziehen Sie sich an und gehen Sie nach Hause!«

»Warum, Bruder Roberts?«

»Sie haben mir versprochen, daß Sie das tun, was ich Ihnen sage!«

»Ja, das stimmt. Bitte entschuldigen Sie. Gleich wenn ich mich angezogen und meine Sachen zusammengepackt habe und wenn das Krankenhaus meine Unterlagen fertiggemacht hat, werde ich gehen.«

Wir gaben uns freundschaftlich die Hand, beteten zusammen, und es war vorbei.

Ein Gutes hatte diese Erfahrung. Sie stellte mir deutlich vor Augen, daß die innere Haltung der Erwartung zwar unerläßlich ist, daß sie aber zur falschen Erwartung wird, wenn zuvor kein Same gesät worden ist.

Wie schon gesagt, arbeitet Gott mit der Saat. Alles Leben ist in der Saat. Nicht Wünsche, nicht falsche Annahmen, nicht Hoffnung allein – sondern Saat. In Hebräer 11,1 sagt Gott: »Es ist aber der Glaube eine feste Zuversicht auf das, was man hofft, und ein Nichtzweifeln an dem, was man nicht sieht« (Lutherübers. 84). Mit anderen Worten: Der Glaube arbeitet mit Erwartung, Erwartung, die auf fester Zuversicht und nicht auf Vermutungen beruht.

Jedes Gericht im Land verlangt den Beweis, aufgrund dessen man mit einem angemessenen Urteil rechnen kann. Beweis. Eine Vermutung über Schuld oder Unschuld wird vor Gericht nicht zugelassen. In einem gerechten Verfahren kann man ein angemessenes Urteil erwarten, wenn sichere Beweise vorgelegt werden. Mit anderen Worten, wenn man aufgrund »fester Zuversicht« vorgeht. Erwartung allein aufgrund von Vermutungen ist gefährlich.

Mein Großvater Amos Pleasant Roberts war Richter auf indianischem Territorium, kurz bevor mein Heimatstaat Oklohoma im Jahr 1907 der 46. Staat der Union wurde. Ich wuchs auf, im Gericht zu seinen Füßen sitzend. Und dabei lernte ich vor allem eines über das Gesetz: Beweise sind das wichtigste.

Evelyns Beweis für ihre Erwartung war eine Schwangerschaft, die real war; die »Saat« befand sich in ihrem Leib. Eine *angemessene Zeit* war von den Naturgesetzen festgelegt worden. Durch diese Art der Erwartung bekamen wir unsere kleine Rebecca, und auch unsere anderen Kinder Ronnie, Richard und Roberta, denen wir wiederum unsere zwölf wundervollen Enkelkinder verdanken.

Dr. Cho, der in seinem Geist »schwanger« war, brachte vor dreißig Jahren die ersten wenigen koreanischen Gläubigen dazu, mit ihm in ihrem Geist schwanger zu werden dadurch, daß sie ihre Saat für dieselben Träume und Visionen säten, die Gott ihnen gegeben hatte, um die größte – und vielleicht auch die stärkste – Gemeinde der Welt ins Leben zu rufen. Sie hatten eine Grundlage für ihren Glauben, weil sie wußten, daß ihre Saat ausgesät war. Darum begannen sie, ein Wunder zu *erwarten*, das für unsere Generation ein von

Gott gegebenes Vorbild ist. Sie hatten die japanische Besatzung überstanden, eine Zeit, in der sie so nah am Hungertod waren, daß sie oft die Rinde von Bäumen essen mußten. Mit ihrer eigenen schlecht ausgerüsteten Armee und unter anderem mit der Hilfe der amerikanischen Truppen besiegten sie das kommunistische Nordkorea. Mitten in all dem stand ein Mann an einem eiskalten Wintertag zitternd in der Kälte und begriff Apostelgeschichte 2,17, wo geschrieben steht: »Und es wird geschehen in den letzten Tagen, spricht Gott, daß ich von meinem Geist ausgießen werde auf alles Fleisch, und eure Söhne und eure Töchter werden weissagen, und eure Jünglinge werden Gesichte sehen, und eure Ältesten werden Traumgesichte haben.« Als junger Mann Anfang zwanzig sah er den Traum, säte für ihn, glaubte an ihn, erwartete ihn und brachte andere dazu, sich mit ihm eins zu machen. Paul Yonggi Chos Erwartung war real, weil er mit Gottes Traum für Korea »schwanger ging«, der real war – und das Wunder ging nicht an ihm vorüber ... und auch nicht an unserer ganzen Generation.

In Nigeria, dem größten Land Afrikas, in dem ein Viertel aller Schwarzen der ganzen Welt lebt, wurde vor etwa 50 Jahren ein kleiner Junge in einen Abfalleimer geworfen. Sein Vater wollte ihn nicht, und seine Mutter war zu ängstlich, um sich dem Vater zu widersetzen.

Doch jede Nacht schlich sich die Mutter hinaus und stillte das Baby. Nach drei Wochen gab der

Vater nach und nahm das Baby wieder in die Familie auf.

Sie können sich vorstellen, was für ein Leben Benson Idahosa hatte, nachdem er unter solchen Umständen aufwachsen mußte. Doch als er neunzehn war, erzählte ihm ein Missionar von Jesus, und er sah in Jesus die Erfüllung all seiner Herzenswünsche. Benson sagt: »Ich fing an, die Evangelien und die Apostelgeschichte genau zu lesen und entdeckte, was für eine Art Mensch Jesus war. Was das Erwarten von Wundern anging, wurde ich von den Missionaren nicht aufgeklärt.«

Seinen Weg zu Christus fand er später in Amerika in dem *Christ for the Nations* Institut in Dallas. Dort empfing er die Liebe Gottes für sein Leben von Dr. Freda Lindsay und den anderen. Ein kurzes Aufleuchten künftiger Möglichkeiten seines Lebens für das Evangelium zeichnete sich ab.

Wieder in Afrika angekommen, betete er. In einer Vision hatte er die Welt gesehen und Gott gehört, der ihn nicht nur nach Nigeria und ganz Afrika, sondern in die Länder der ganzen Erde rief.

»Aber Herr, wer bin ich, daß ich in die ganze Welt gehen soll«, fragte er. »Ich habe die falsche Hautfarbe und...«

»Das hatte ich noch gar nicht bemerkt«, unterbrach ihn der Herr.

»Also gut, wenn du nicht bemerkt hast, daß meine Haut schwarz ist, dann werde auch ich es nicht bemerken. Ich sehe, ich bin ein Mann, von dir innig geliebt und von dir gesandt. Herr, ich werde gehen.«

Dieselbe Art geistlicher Schwangerschaft, die über Paul Yonggi Cho in Asien und über Larry Lea in Amerika gekommen war, kam nun über Benson Idahosa. Die Botschaft des Saatglaubens hatte auch ihn erreicht, und er verstand den Ausdruck »ein Wunder erwarten« und sah, daß »Erwartung« für seine Zukunft hinsichtlich der Saat, die er säen wollte, das Schlüsselwort sein müßte.

»Eines Tages«, so sagte er, »erfüllte mich das Wort ›Erwartung‹ randvoll. Ich glaubte, ich müßte platzen, so intensiv rechnete ich mit Wundern.«

Inspiriert durch Männer wie Dr. Cho und auch durch meinen Ruf zum Heilungsdienst und zum Bau der Oral-Roberts-Universität, schenkte er sich buchstäblich Gott, und zwar ohne alle Vorbehalte, und begann, Wunder zu erwarten, die durch sein Predigen geschehen würden.

Ohne Geld, ohne Einfluß, ohne die meisten Dinge, die sonst Männern zum Erfolg verhelfen, sah Benson Idahosa vor neunzehn Jahren auf seine Heimatstadt Benin City mit ihren 1.000.000 Einwohnern und dachte daran, daß weniger als drei Prozent davon Christen waren. Keiner dieser Christen besaß ein Auto, und die meisten hatten nicht einmal das Lebensnotwendigste. Einige hatten Fahrräder. Er ging zum König und legte Zeugnis vor ihm ab. Er ging auch zu den Stammeshäuptlingen der Gegend und erzählte ihnen seine Geschichte. Er war »schwanger« mit der Vision Gottes.

Von Nigeria aus ging er nach Ghana, Zaire, Uganda, Kenia und wieder zurück nach Benin City. In seinem Innern wußte er, daß bald die Zeit kommen würde. Seine Erwartung überflutete seinen Geist. Er sah sich die Hand ausstrecken und einige der Wunder empfangen, für die er die Saat ausgestreut hatte.

Kurz und gut, dieser Afrikaner *hat 5.000 christliche Gemeinden mit über 5.000.000 Mitgliedern in ganz Afrika ins Leben gerufen*. Heute ist er die mächtigste Stimme für Gott in seinem Volk und in seinem Kontinent, er hat Einfluß auf Präsidenten, Premierminister und andere Politiker. Ich habe es persönlich erlebt. Im Juli 1988 machte ich mit meinem Team von Missionsärzten eine dreitägige Reise durch Nigeria und Ghana, und es war Benson, der meine Reise vorbereitet hatte. Seit 1954 hatte ich verschiedene Evangelisationen in Afrika abgehalten. Aber in diesen drei Tagen erreichte ich mehr Regierungen und mehr Menschen als je zuvor in einer solchen kurzen Zeit. In einem einzigen Gottesdienst konnte ich zu 500.000 Menschen sprechen.

Ich bat Benson, der jetzt Mitglied des Vorstandes der Oral-Roberts-Universität ist, mir zu erzählen, was ihm zu so weitreichendem Einfluß verholfen hatte, nachdem er als Baby aus einer Mülltonne gezogen worden war. Er sagte: »Als ich von einem Missionar den Namen Jesus hörte, übergab ich ihm mein Leben. Dann kam ich nach Amerika, um am *Christ for the Nations* College meine theologische Ausbildung zu machen. Dann fielen mir Ihre Biographie und Ihr Buch *Das Wunder des Saatglaubens* in die Hände, und allmählich erlaubte ich Gott, mir seine ganze Vision ins Herz zu senken. Mir gingen die Augen dafür auf, daß nicht die Hautfarbe, nicht das Geld und nicht die Unterstützung seitens anderer Menschen etwas bewirken würden. Sondern nur die Tatsache, daß der Heilige Geist mich zu seiner Streitaxt macht, würde mich in die Lage versetzen, von Nigeria und Ghana aus die ganze Welt mit dem Wort Gottes zu erreichen. Ich verstand, daß ich von Gott erwarten konnte, die ganze Welt mit Zeichen und Wundern zu berühren. Da ich mit dieser Vision schwanger gehe, bewege ich mich wie einer, der für Gott brennt, und ich weiß, daß dies erst der Anfang ist.«

Wie steht es mit dir? Ganz gleich, wer du bist und wo du bist, hast du auch einen Traum? Hast du die Vision erkannt, die Gott dir durch seinen Geist ins Herz gesenkt hat? Wenn ja, hältst du dich immer noch an die alte Theorie, daß Jesus arm war? Hast du deine Lebensumstände – wie schlimm sie auch immer sein mögen – als etwas akzeptiert, das du nun einmal nicht ändern kannst? Gab es in deinem Leben jemals ein Wunder... etwas Übernatürliches aus der Höhe?

Hast du in deinem Innern resigniert? Ist dein innerer Mensch so lahm geworden, daß er immer nur wartet und wartet, sich aber nie erhebt und den Schlag ausführt, der Befreiung bringen würde?

Bist du im Begriff aufzugeben? Oder bist du bereit, die Aussage Jesu, er sei um deinetwillen arm geworden, damit du reich wirst, im ganzen Zusammenhang des Wortes Gottes zu sehen? Hörst du die erste Predigt Jesu, wie in Lukas 4,18 festgehalten: »Der Geist des Herrn ist auf mir, weil er mich gesalbt hat, Armen gute Botschaft zu verkündigen; er hat mich gesandt, Gefangenen Befreiung auszurufen und Blinden, daß sie wieder sehen, Zerschlagene in Freiheit hinzusenden«?

Verstehst du nicht, daß wenn du in irgendeiner Hinsicht arm bist, Jesus dir persönlich die »gute Botschaft« verkündet und daß es dir gemäß 3. Johannes 2 wohlgehen kann: »Geliebter, ich wünsche, daß es dir in allem wohlgeht und du gesund bist, wie es deiner Seele wohlgeht«?

Spürst du, wie der Glaube in dir entzündet wird, daß jeder Kummer deines Herzens geheilt werden kann? Daß du für deine wahre Berufung, nämlich ein Leben nach Gottes Maßstäben, freigesetzt werden kannst? Daß du aufhören kannst, gegenüber der Tatsache, daß Jesus sich mit dir und deinen Bedürfnissen identifiziert, blind zu sein? Jetzt ist es an der Zeit für dich, mit Gottes Ruf für dein Leben schwanger zu werden und damit zu beginnen, für den Durchbruch deines Wunders zu säen, zu glauben, zu arbeiten und zu hoffen!

Es ist faszinierend zu spüren, wie mein Geist sich nach deinem Geist ausstreckt, wie mein Glaube mit deinem Glauben vereint werden möchte und wie meine Erwartung sich mit deiner Erwartung verbindet und glaubt, daß dein Leben verändert werden kann. Nimm deine Bibel zur Hand, schlage Lukas 6,38 auf (wahrscheinlich der wichtigste Vers, was die Erwartung betrifft), stell dich vor einen Spiegel und lies laut diesen Vers. Tu es immer und immer wieder, bis du von diesem Vers Besitz ergreifst und dieser Vers von dir Besitz ergreift. Tu es, und etwas Gutes wird geschehen – wird dir geschehen!

Lukas 6,38: »Gebt, und es wird euch gegeben werden: ein gutes, gedrücktes und gerütteltes und überlaufendes Maß wird man in euren Schoß geben; denn mit demselben Maß, mit dem ihr meßt, wird euch wieder gemessen werden.«

Kapitel 9
Gott gibt niemals, ohne etwas zu erwarten

Meine Schwester Jewel, eine der besten »Geberinnen«, die ich kenne, hatte große Probleme damit, etwas von Gott als Gegenleistung zu erwarten, bis sie eines Tages mit ernsthaften Sorgen zu mir kam.

Jewel ist die Schwester, die an mein Bett kam, als ich fünf Monate wegen der Tuberkulose, dieser gefürchteten Krankheit, für die es zu jener Zeit noch kein Heilmittel gab, fest liegen mußte. Sie sagte fünf Worte, die mich zum ersten Mal hoffen ließen, daß ich wieder gesund würde: »Oral, Gott wird dich heilen.« Ich wünschte, ich könnte dir klar machen, wie sehr ich meine Schwester und diese wundertätigen Worte liebe. Und wie hoch ich die Saat schätze, die sie am Tag meiner Verzweiflung in mich hineinpflanzte.

Seit Jahren lebte sie nun schon mit ihrem Mann Leo in Tulsa ganz in meiner Nähe. Eines Tages kam sie mich besuchen. Ohne ein Wort zu sagen, drückte sie mir einige abgenutzte Dollarscheine in die Hand.

»Wofür ist das?« fragte ich.

»Oral«, sagte sie mit Tränen in den Augen, »diese paar Dollar sind alles, was Leo und ich noch besitzen.« Leo ist Zimmermann, und weil die Bauindustrie zu der Zeit fast zum Erliegen gekommen war, hatte er seit vier Monaten keine Aufträge mehr. »Wir haben unsere Ersparnisse aufgebraucht, wir haben alles aufgegessen, was wir im Garten geerntet und was wir eingemacht hatten, und wir wollen nicht zum Sozialamt gehen«, sagte Jewel zu mir.

Sie schwieg, und ich konnte den Schmerz in ihren Augen sehen.

»Oral, du hast über den Saatglauben gepredigt, und ich bin ganz durcheinander. Du hast mich ziemlich verwirrt.« Ich wußte, daß sie und Leo regelmäßig ihren Zehnten gaben und konnte mir nicht vorstellen, was sie meinte.

»Nun, ich bin hergekommen, um dir unsere letzten Dollar zu geben und sie zu dem zu machen, was du ›Saat‹ nennst. Ich verstehe es nicht, aber du sagst, Gott habe es dir in der Bibel gezeigt. Du bist Prediger, du bist mein Bruder, und ich glaube dir.« Sie lächelte und sagte: »Du weißt, ich war ja dabei, als Gott dich heilte.«

»Oh ja, Jewel«, sagte ich. »Ich weiß noch genau, wie sehr du dazu beigetragen hast, daß ich geheilt wurde, aber ich kann dieses Geld nicht annehmen.«

»Du mußt«, sagte sie verzweifelt.

»Na gut, ich nehme es unter einer Bedingung.«

»Und die wäre?«

»Du mußt erwarten, dafür von Gott etwas zu empfangen.«

»Oh«, meinte sie traurig, »das kann ich nicht.«

»Warum nicht, Jewel?«

»Weil man mir beigebracht hat, daß ich nichts zurück erwarten darf, wenn ich Gott etwas gebe.«

Das hat sie tatsächlich zu mir gesagt. Ich sagte: »Dann kann ich dein letztes bißchen Geld nicht nehmen. Ich kann für Gottes Werk nichts gebrauchen, was gegen die Bibel ist.«

»Aber du mußt. Wir sind in einer verzweifelten Lage und sind darauf angewiesen, daß Gott uns hilft.« »Dann versprich mir zu erwarten, daß Gott dir dafür etwas geben wird, wie er es versprochen hat.«

Ich erinnere mich noch an den angespannten Moment, als sie bebend dastand und im Geist einen Kampf mit dem ausfocht, was ihr anerzogen worden war. »Also gut«, sagte sie schließlich. »Du bist mein Bruder, aber du bist auch ein Mann Gottes, und weil du es sagst, werde ich es tun.«

Evelyn und ich beteten mit ihr, bevor sie ging. Etwa zwei Wochen später kam sie zurück und war so aufgeregt, daß sie kaum an sich halten konnte.

»Oral, Oral!« rief sie.

»Ja, Jewel.«

»Wir hatten gerade einen Anruf von der Baufirma, für die Leo arbeitet, die ihm gekündigt hatte. Der Boß sagte, daß er, obwohl es mit dem Baugewerbe immer noch sehr schlecht aussieht, einen neuen Auftrag hat, der die Firma ein Jahr lang voll auslasten wird. Leo kann also während dieser ganzen Zeit mit Vollbeschäftigung rechnen!«

»Das ist wunderbar«, sagte ich.

»Und das ist noch nicht alles«, fuhr sie fort. »Nachdem ich neulich von dir weggegangen bin, habe ich mich entschlossen, nach einer Arbeit zu suchen, und ich habe die beste Arbeit gefunden, die ich je im Leben hatte.«

Dann, mit einem großen Seufzer der Erleichterung, setzte sie hinzu: »Oral, selbst wenn ich hundert Jahre alt werden sollte, kann ich es nie wieder gut machen, daß du mich überzeugt hast, meinen Zehnten in Erwartung zu geben, denn früher hatte ich nie von Gott etwas erwartet. Zu Hause habe ich meine Bibel genommen und habe auch Leo davon überzeugt, daß er erwarten müsse. Als dieser Anruf von der Firma kam, waren wir beide soweit, daß wir von Gott erwarteten, für uns etwas zu tun, was wir nicht selbst tun konnten. Wir sahen auf Gott als auf unsere Quelle und saßen nicht einfach nur so resignierend herum.«

»Weißt du, Jewel, Gott hätte in jedem Fall gehandelt, ob du es erwartet hättest oder nicht. Denn er sagt: Gib, und es wird dir gegeben werden. Er schickt andauernd Wunder. Doch wenn du das Wunder nicht erwartest, wirst du es verpassen, und es wird an dir vorübergehen. Und dann fragst du dich, warum Gott kein Wunder geschickt hat. Aber Dank sei Gott, du hast dein Wunder erwartet, und du hast es erkannt und empfangen.«

Vor kurzem sind Leo und Jewel in den Ruhestand getreten, nachdem sie ihr Leben lang gearbeitet hatten. Jewel bringt mir selbsteingemachte wilde Pflaumen, solche, wie sie Mama zu jeder Mahlzeit auf den Tisch brachte, als ich noch klein war, und sie und Leo geben uns auch frisches Gemüse aus ihrem eigenen Garten. Evelyn war neulich bei ihnen, um das Pflaumenkompott abzuholen. »Sag Oral«, sagte Jewel lächelnd zu Evelyn, »daß ich jetzt nicht nur damit rechne, für meinen Zehnten und meine Opfer von Gott etwas zu empfangen, sondern auch für mein Pflaumenkompott, das ich jedes Jahr mit so viel Mühe für Oral einmache.«

Evelyn lächelte. »Ich werde es ihm sagen.« Als Evelyn mir mehrere Einmachgläser mit meinem Lieblingsdessert brachte, war ich innerlich stark bewegt. Ich dachte: Ich sagte zu Jewel: »Säe deine Saat, und Gott wird dir die Ernte schicken; deshalb sollst du damit rechnen, etwas zu empfangen«, und Jewel hat mir geglaubt. Dann werden gewiß auch andere, die falsch belehrt worden sind, es jetzt glauben können. *Es ist Gottes Wort – Gottes Wort versagt nie.*

Es war Gott, der uns das Prinzip der *Erwartung* zeigte.

»Wo in der Bibel steht, daß Gott etwas von uns erwartet für das, was er gibt?« magst du fragen. Ob du es glaubst oder nicht, es steht in dem bekanntesten Vers der ganzen Bibel – Johannes 3,16: »Denn so hat Gott die Welt geliebt, daß er seinen eingeborenen Sohn gab, damit jeder, der an ihn glaubt, nicht verloren gehe, sondern ewiges Leben habe.«

Gott ist kein guter Verlierer. Nachdem Gott den Menschen geschaffen hatte, schlich sich Satan in den Garten Eden ein, um den Menschen zu versuchen. Und als er auf Satans Lüge hereinfiel und Gott und seine Wege zurückwies – indem er sich an Gottes Statt selbst zum Gott machte –, wurde er aus dem Garten Eden vertrieben. Ein Fluch kam über Adam und Eva und selbst über den Erdboden. Gott verlor. Aber er sah seinem Verlust nicht untätig zu.

Es ist leichter zu verlieren als zu gewinnen. Jemand sagte einmal: »Jeder tote Fisch kann flußabwärts schwimmen; nur lebendige Fische können gegen den Strom schwimmen.« Gott ging an die Arbeit, um den Menschen zurückzubekommen, den er nach seinem eigenen Bilde geschaffen hatte.

Gott hat schon immer mit Saat gearbeitet. Alles Leben ist in der Saat. Er sprach sein Urteil über die Schlange, die Verführerin, durch die Satan in den Garten Eden eingedrungen war und Adam und Eva verführt hatte, und sagte: »Weil du das getan hast, sollst du verflucht sein unter allem Vieh und unter allen Tieren des Feldes! Auf deinem Bauch sollst du kriechen, und Staub sollst du fressen alle Tage deines Lebens! Und ich werde Feindschaft setzen zwischen dir und der Frau, zwischen deinem Samen und ihrem Samen; er wird dir den Kopf zermalmen, und du, du wirst ihm die Ferse zermalmen« (1. Mose 3,14.15).

Der Same der Frau sollte Satan zerstören. Der Same der Frau würde der Messias sein, Christus, der »Gesalbte« Gottes, den er senden würde, um seine verlorenen Geschöpfe und seine Schöpfung wieder zu ihm zurückzubringen.

Unter den Nachkommen Adams und Evas hielt Gott Ausschau nach Menschen, die *glaubten.* Es war ein Kampf zwischen Gott und Satan. Adam und Eva hatten zwei Söhne Kain und Abel.

Kain brachte Opfer, aber dies war nie ein Akt seines Glaubens; Abel kam gläubig zu Gott. Voll wütender Eifersucht darüber, daß Gott Abel akzeptiert, ihn aber zurückgewiesen hatte, erhob sich Kain und tötete seinen Bruder (siehe 1. Mose 4,8).

Als nächstes kam Seth, ein Mann des Glaubens (siehe 1. Mose 5, 3-6).

Zehn Generationen später war allein Noah gläubig, und um seines Glaubens willen bewahrte Gott die Welt davor, gänzlich durch die Sintflut zerstört zu werden (siehe 1. Mose 6).

Noahs Sohn Sem hatte auch diesen Glauben, und einer seiner Nachkommen war Abraham, der erste nach dem Sündenfall, auf dessen Glauben Gott eine Familie bauen konnte, dann eine Nation (die Israeliten), aus der der Messias, der versprochene Same der Frau, kommen sollte.

Den Israeliten fehlte jegliches Empfinden für persönliche Sünde, so sandte Gott Mose, um ihnen das Gesetz zu geben. Es wirkte wie ein Schulmeister. Seine strengen Gebote bewirkten drei Dinge: Erstens errichteten sie eine Schranke zwischen den Juden und den anderen Völkern, die Gott ablehnten.

Zweitens hatten die Israeliten immer dann, wenn sie gegen das Gesetz des Moses mit seinen strengen Geboten verstießen, ein deutliches Empfinden der Sünde, von dem sie sich selbst nicht befreien konnten. Und drittens verspürten sie das Bedürfnis nach einem Erlöser. Das war der Messias, der Same der Frau, den Gott versprochen hatte.

Schließlich wurde Jesus durch den Heiligen Geist von der Jungfrau Maria empfangen und in Bethlehem, Judäa, als der Erlöser geboren.

Auf dem Höhepunkt seines irdischen Dienstes sprach Jesus die weltbekannten Worte von Johannes 3,16: »Denn so sehr hat Gott die Welt geliebt, daß er seinen eingeborenen Sohn gab, damit jeder, der an ihn glaubt, nicht verloren gehe, sondern ewiges Leben habe.«

An dieser Stelle erreichte Gottes Erwartung ihren Höhepunkt, und dort ist sie heute noch. Beachte:

Erstens heißt es: *So* sehr hat Gott geliebt. Wenn wir sagen: »Ich liebe dich,« bedeutet das sehr viel. Aber wenn wir sagen: »Ich liebe dich so sehr,« bedeutet das völlige Hingabe. Wen hat Gott *so sehr geliebt*?

Zweitens heißt es: So sehr hat Gott *die Welt* geliebt. Er liebte all das, was er verloren hatte. Er liebte, mit unerbittlicher Entschlossenheit, den Menschen zurückzugewinnen. Woher wissen wir, wie glühend, wie unerbittlich seine Liebe war?

Drittens heißt es: So hat Gott die Welt geliebt, daß er *gab*.

Viertens heißt es: So sehr hat Gott die Welt geliebt, daß *er seinen eingeborenen Sohn* gab.

Laß mich einen Traum erzählen, den ich einmal hatte.

Als meine vier Kinder noch klein waren, saß ich eines Abends zu Hause, las und döste irgendwie vor mich hin und dabei hatte ich einen Traum, der sehr real war. Ich träumte, daß Ronnie, der ältere meiner beiden Söhne, im Hof spielte und daß ein paar Männer kamen, ihn ergriffen, ihn in ihren Wagen warfen und mit ihm wegfuhren. Und bevor ich rauslaufen konnte, waren sie schon weg. Ich rief nach Evelyn. Und ich wußte nicht, was ich tun sollte, außer in meinen Wagen zu steigen und die Straße runter zu fahren, auf der ich den Wagen hatte verschwinden sehen. Und im Traum fuhr ich durch den ganzen Bezirk Tulsa. Und schließlich fand ich sie. Ich sah den Wagen am Straßenrand, und auf einem kleinen Hügel war ein Kreuz in den Boden gerammt, an das mein kleiner Sohn Ronnie genagelt war. Ich rannte hin, nahm ihn runter, und er sagte immer nur: »Daddy, Daddy, Daddy«, dann starb er in meinen Armen.

Ich war vollkommen niedergeschmettert.

Gott sprach in meinem Innern und sagte: »Wenn das wirklich geschehen wäre, wenn dein Sohn Ronnie ans Kreuz geschlagen worden wäre, hättest du immer noch deinen anderen Sohn Richard. Aber ich hatte nur einen Sohn, und ich gab ihn her.« Und ich hörte mich sagen: »Gott, niemand auf der ganzen Welt wurde je geboren oder wird je geboren werden, der den Tod deines Sohnes verdient hat.« Und er sagte zu mir: »Du hast kein Recht zu sagen, daß irgendein menschliches Wesen weniger wert sei als mein Sohn, denn das ist der Preis, den ich gezahlt habe.«

Niemals vorher hätte ich meinen eigenen Wert, meine eigene Bedeutung erkannt oder die Tatsache gesehen, daß Gott dem Oral Roberts so viel Wert beigemessen hat, daß er seinen einzigen Sohn für ihn sterben ließ.

Ich dachte zurück an die Zeit, als ich von meinen Eltern fortlief, in Sünde lebte und schließlich mit Tuberkulose geschlagen wurde und ich niemandem mehr etwas bedeutete. Und da war er und sagte: »Du bist so viel wert wie mein Sohn.«

Ich bin davon überzeugt, daß wir alle, ich, du und jedes andere menschliche Wesen, so viel wert sind und daß Gott uns so sehr liebt, daß er für jeden einzelnen von uns seinen einzigen Sohn hätte sterben lassen. So hat er die Welt geliebt. Und die Welt – das bist du, das bin ich, das ist jeder Mensch, ganz gleich, ob er sich selbst hoch oder niedrig einschätzt.

Das war es, was Gott wirklich im Sinn hatte, als er um der Welt willen seinen eingeborenen Sohn hergab.

Fünftens heißt es: »... daß jeder, der an Ihn glaubt, *nicht verloren gehe, sondern ewiges Leben habe.*«

Was sagt Gott hier? Er sagt: »Ich werde gewinnen! Ich rechne fest damit! Ich werde das, was ich verloren habe, zurückgewinnen! Ich habe meinen besten Samen gesät – durch die Linie des Glaubens von Seth bis Noah, von Noah bis Abraham und dann in einer langen, ununterbrochenen Glaubenslinie von Abraham bis David. Jesus ist der ›Same Abrahams‹ und der ›Same Davids‹ (Röm 1,3). Und dann von David bis zu einer Jungfrau namens Maria, die bevorzugt wurde, diesen Samen, den Messias, zur Welt zu bringen« (Lk 1,28).

In diesen Samen legte Gott seine ganze Liebe, seinen ganzen Glauben, seine ganze Hoffnung und Erwartung hinein.

Der Kreuzestod war das »Säen des Samens« nach der Schrift. Dort starb er, und heraus aus dem Grab entsprang dieser Same in neuem Leben. Dieses Auferstehungsleben, der auferstandene Christus, ging in den Himmel zurück und setzte sich zur Rechten des Vaters, um »den Menschen Gaben zu geben« (Hebr 8,1-3).

Am Pfingsttag kam der Heilige Geist als die unbegrenzte, unsichtbare Gegenwart Jesu und fiel auf die 120 Gläubigen. Gott erfüllte sie mit dem Heiligen Geist. Er eröffnete damit den Strom der Errettung, der in alle Welt hinausfließt, damit alle, die daran glauben, daß Gott Jesus von den Toten auferweckt hat, und die seinen Namen mit ihrem Mund bekennen, errettet werden (Röm 10,9.+10).

Einige Leute haben noch nie gehört, daß Gott gab, um etwas dafür zu bekommen. Tatsache ist, daß Gott für ein »erwünschtes Ergebnis« gab – unsere Errettung. Ich habe die Bibel von Anfang bis Ende einige Dutzendmal gelesen, und dabei ist mir nie ein Akt des göttlichen Gebens begegnet, bei dem Gott nicht etwas dafür erwartet hätte. Mit anderen Worten, er säte immer, indem er mit dem erwünschten Ergebnis rechnete. Manche spotten über diese Vorstellung, andere weisen sie zurück. Ich glaube daran. Ich selbst bin das Ergebnis von Gottes *Erwartung*.

Denn ich wäre nicht freiwillig zu Gott zurückgekehrt. Dieser Gedanke lag mir absolut fern. Doch Gott erwartete von Oral Roberts, daß er einer von diesen »allen« würde, von denen er in Johannes 3,16 spricht. Ich war es, den er liebte, den er so sehr liebte, daß er seinen eingeborenen Sohn für mich sterben ließ, damit ich, wenn ich an seinen Sohn glaubte, nie verloren ginge, sondern ewiges Leben hätte! Ich war einer von denen, für die Gott seinen besten Samen gab, seinen eingeborenen Sohn, und zwar »für ein erwünschtes Ergebnis«.

Das alles konnte nur geschehen, weil Gott seine Liebe gab – mir seine Liebe gab; weil er damit rechnete, daß ich, der von ihm weglief, hören würde, wie er nach mir ruft; weil er trotz allem immer weiter wartete; weil er glaubte, daß ich den Preis, den er zahlte, wert sei. Er bezahlte für mich, indem er seinen einzigen Sohn für mich auf Golgatha sterben ließ und ihn von den Toten auferweckte.

Wenn Gott nichts von dem Säen des Samens erwartet hätte, könnte ich dieses Buch nicht schreiben. Bei meiner Lebenssünde auf der Seele und der Krankheit, die mich an den Rand des Todes brachte, wäre ich in der Hölle gewesen – für immer!

Aber Gott erwartete. Als umsichtiger Sämann wollte er nicht umsonst säen. Er warf seinen besten Samen nicht in den Wind, sondern er hatte ein Ziel, als er hoffte: »Möge dieser Samen in der Seele von Oral Roberts aufgehen.«

Ich war es, den er im Sinn hatte. Meinetwegen »liebte er so sehr«. Er gab seinen besten Samen, um mich zu retten, um mich zu heilen, um mich aufzufordern zu predigen, zu lehren und zu heilen.

Gott ließ nicht von mir.

Gott weigert sich, auch nur einen von uns aufzugeben.

Er hält fest an dem »erwünschten Ergebnis« seines Samens.

Er rechnet damit, von seinem Samen zu ernten.

Ich habe versucht, meiner Schwester Jewel das begreiflich zu machen. Die Erfahrungen aus der Armut unseres Vaters und die falschen Lehren einer Kirche, die glaubte, Jesus sei arm gewesen, standen Jewel so sehr im Wege, als sie und ihr Mann Leo in allergrößter Not waren.

Aber ich erinnerte mich an ihre fünf Worte: »Oral, Gott wird Dich heilen«.

Wenn du jede gesäte Saat als einen Akt deiner Liebe und deines Glaubens ansehen könntest – wobei jede Saat in sich ein Wunder trägt, das Gott freisetzt und zu dir sendet –, dann würdest du nicht dasitzen und ein Gesicht machen, als könnte jeden Augenblick ein Unglück passieren oder als hättest du Essig getrunken oder als würde dein Glaube nicht funktionieren. Mit jeder Faser deines Seins, mit jedem Funken deiner Kraft, mit jedem Partikel deiner Fähigkeit zu glauben, mit jeder Begabung zu empfangen, würdest du aus tiefster Seele ausrufen: »Gott, vergib mir, denn ich wußte es nicht besser. Nimm meine Reue an und sieh, daß ich mich von meinem Versagen zu erwarten abwende und nun bereit bin, von jedem Samen, den ich ausgestreut habe, zu empfangen. Gott! Ich erwarte jetzt! Gott! Ich warte darauf, daß meine Zeit kommt! Gott! Ich glaube, daß meine Zeit längst gekommen ist! Jetzt, Gott, öffne ich mein ganzes Wesen, um zu empfangen! Gott, ich empfange wirklich!«

Kapitel 10
Acht Dinge, an die ich ständig denken will und die Gott bewegen, mir gnädig zu sein

All die Jahre während meines Dienstes als Prediger hat Gott mich vieles gelehrt, was mein Leben geprägt hat. Ich habe mich belehren lassen, und Gott hat mich mit vielen Worten und Erfahrungen, aus denen ich gelernt habe, gesegnet. Ich habe mich immer bemüht, mich an diese Lektionen zu erinnern, denn ich habe entdeckt, daß ich, wenn ich mich an sie halte, von Gott für meinen Gehorsam gesegnet werde. Ich glaube, auch du kannst von diesen Lektionen profitieren, und so teile ich einige jener wichtigen Dinge mit dir, von denen ich weiß, daß sie Gottes Segen über unser Leben bringen.

1. Finde heraus, wer deine Feinde sind.

Wenn du das Geld *liebst*, erkenne diese Liebe als deinen Feind. Denn nicht Geld ist dein Feind, schließlich brauchst du ja genügend Geld zum Leben, sondern die Liebe zum Geld ist »eine Wurzel alles Bösen« (siehe Tim 6,10). Das Geld um des Geldes willen zu lieben, bedeutet, daß du dich über Gott erhebst, und das wiederum bringt dich zum Kern alles Bösen und zu allem, was daraus entspringt.

Ich erinnere mich noch, wie ein sehr erfolgreicher Mann, von dem ich glaubte, er sei mein Freund, sagte: »Oral, viele Leute glauben, daß du das Geld, das du für deinen Dienst sammelst, für dich persönlich verwendest. Also wenn man das schon von dir glaubt, warum tust du es dann nicht auch?«

Ich sagte: »Das meinst du doch nicht im Ernst.«

Er sagte: »Das würde doch nie jemand merken.« »Ich würde es merken«, antwortete ich.

In diesem Zusammenhang dachte ich an eine ganz bestimmte Bibelstelle. In Matthäus 13,28 steht geschrieben: »Ein Feind hat dies getan.« Plötzlich wußte ich, daß dieser Mann mein Feind war, denn er hatte versucht, mich zu veranlassen, das Gelübde zu brechen, das ich Gott gegeben hatte, als ich mit meinem Dienst anfing: »Ich werde nie das Gold oder die Ehre anrühren.« Und ich wußte, daß ich dieses Gelübde gehalten hatte.

Immer wieder, wenn die Menschen mich verleiten wollten, etwas Schlechtes zu tun, habe ich unfehlbar Gottes Wort in meinem Geist vernommen: »Ein Feind hat dies getan«. Das hat mich und meinen Dienst in vielerlei Hinsicht gerettet.

Ich glaube, Gott hat einen »Wisser« in uns eingebaut, der es spürt, wenn etwas Böses auf uns zukommt und uns anzeigt, daß etwas nicht in Ordnung ist. Und dann ist da noch Gottes Wort, das auf unseren Weg leuchtet, wenn wir es lesen und in unseren Herzen bewahren. Und da ist auch noch der Heilige Geist, der das Böse entlarvt und es uns erkennen läßt.

Mein Motto ist: Wenn du Zweifel hast, tue es nicht.

2. Wenn du entmutigt bist und aufgeben willst, *denk an die Wunder, die du bereits empfangen hast.*

Ich kenne keinen Christen, den Satan noch nicht dazu hat verleiten wollen, den Mut zu verlieren und schließlich aufzugeben. Und Satan, der Entmutiger, klopft immer wieder an deine Tür.

Etwas Gutes passiert mir immer dann, wenn ich so entmutigt bin, daß ich die Hände über dem Kopf zusammenschlagen und sagen will, »Ach, was hat das alles für einen Sinn?« Jedesmal höre ich dann tief in meinem Inneren nur zwei Worte: *Erinnere dich!* Sofort wird mein Geist in die Zeit zurückversetzt, als ich siebzehn Jahre alt war. Ich war kein Christ, und ich hatte Tuberkulose. Die Antibiotika sollten erst dreizehn Jahre später entdeckt werden. Der Bezirksrichter und Leiter des städtischen Gesundheitsamtes hatte verfügt, daß man mich in dem Sanatorium des Städtchens Talihena in den Bergen Ost-Oklahomas unterbringen sollte. Der Ernst meiner Lage wurde mir schlagartig bewußt: Von diesem Berg kamen wenige lebend zurück!

Meine Bekehrung wurde zum wichtigsten Ereignis meines Lebens. Wann immer ich jetzt aufgeben will, brauche ich mich nur daran zu *erin-*

nern, daß ich tot und in der Hölle wäre, wenn ich Gott nicht mein Herz gegeben hätte. Denn es war noch an diesem Tag, daß der Herr mich, innerhalb weniger Stunden, heilte.

Denk an ein Ereignis oder einen Augenblick in deinem Leben, an etwas, das dein Leben entscheidend verändert hat, und du wirst feststellen, daß du Satan befehlen kannst: »Nimm deine Hände von Gottes Eigentum – von mir!« Dann muß er es auch tun.

Gott kennt viele Wege, die dir durch Zeiten der Entmutigung und der Hoffnungslosigkeit hindurchhelfen, und nicht der schlechteste dieser Wege besteht darin, daß du dich an Gottes Güte erinnerst.

3. Schicke es zuerst durch den Himmel.

Es kommt bei jedem von uns gelegentlich vor, daß jemand uns gemein behandelt. Und sofort gehen uns ziemlich böse Gedanken durch den Kopf, und wir würden am liebsten denjenigen zusammenschlagen – zumindest verbal. Auch ich habe das erlebt.

Einmal erzählte ich einem engen Freund, was ich einem solchen Menschen gerne antun wollte. »Das ist in Ordnung, Oral« sagte er zu mir. »Aber schicke es zuerst durch den Himmel.«

So etwas habe ich noch nie gehört. »Wie macht man das?« fragte ich.

»Gehe irgendwohin, wo du allein bist und sage Gott ganz genau, was du demjenigen, der dich verletzt hat, antun oder sagen möchtest.«

»Du meinst, wortwörtlich?«

»Wortwörtlich.«

Ich kam mir ziemlich dumm dabei vor, Gott das zu sagen, was ich meinem Widersacher an den Kopf werfen wollte. Ich schrie die Worte heraus und kam mir wie ein Idiot vor. Zu meiner Überraschung schien es mir, als hörte ich im Geiste eine bereinigte Fassung meiner Beschimpfungen. Sofort suchte ich diesen Menschen auf und sagte jene netten Dinge zu ihm.

Er sah mich an. »Weißt du, Oral Roberts, du bist wirklich in Ordnung. Ich werde dich bei deiner Arbeit für Gott unterstützen!«

Ich dachte bei mir: »Oh Gott, es zuerst durch den Himmel zu schicken, funktioniert wirklich.« Und als ich weiter über diesen Mann nachdachte, der mir ein Dorn im Fleisch gewesen war, schien es mir wie ein Wunder, daß er sich auf diese Weise verändert hat.

Tatsache war, daß dieses Wunder sich zuerst in mir vollzogen hatte. Seitdem habe ich eine Menge Dinge zuerst durch den Himmel geschickt.

4. Wenn du in einer schwierigen Situation nicht weißt, was du sagen sollst, mach es wie Paulus: Lege dein persönliches Zeugnis ab.

Der Apostel Paulus hat nie vergessen, wie Jesus ihm auf der Straße nach Damaskus begegnete. Während er mit Gott und den Menschen so sehr haderte, war er eine Gefahr für sich selbst und für jeden, der Jesus diente. Doch dann machte er die Erfahrung der Buße und des Glaubens an Jesus. Er wurde durch und durch verändert, und sein Zeugnis wirkte so stark, daß er deswegen häufig ins Gefängnis geworfen wurde.

Immer wenn er vor Gericht seinen Anklägern gegenüberstand, oder wenn die Situation so gefährlich wurde, daß er keinen Ausweg mehr sah, fing Paulus an, ihnen von seiner Begegnung mit Jesus zu erzählen und davon, wie Jesus sein Leben völlig verändert und das Leben für ihn lebenswert gemacht hat.

Dies verfehlte nie seine Wirkung auf die Anwesenden, den Richter und die Ankläger eingeschlossen.

Es liegt eine große, lebensverändernde Kraft in deinen persönlichen Erfahrungen mit Jesus: der ersten Begegnung mit ihm, der Wiedergeburt, der Erfüllung mit dem Heiligen Geist, den Heilungen, den Gebetserhörungen – du fühlst es in deinem Herzen, daß jedesmal eine Kraft in dir freigesetzt wird.

Ein Onkel von mir, der mit Öl reich geworden war, wurde einmal gefragt, welches der Kinder meines Vaters eines Tages das Evangelium verkünden würde. Sofort nannte er meinen Bruder Vaden, der sehr gut aussah, sich gut ausdrücken konnte und zu jedermann sehr freundlich war.

Mein Vater sagte: »Vaden wird Karriere machen, aber derjenige, der Prediger wird, ist Oral!«

Onkel Willis meinte: »Oral? Aber er stottert doch so sehr! Er kann nicht einmal richtig sprechen!«

Jahre später, als ich schon im Heilungsdienst tätig war, kam dieser Onkel zu einer meiner

Evangelisationen. Ich sah ihn etwas abseits von der Menge stehen, die so zahlreich war, daß wir nicht genügend Sitzplätze für alle hatten. Ich erinnerte mich an seine Zweifel und an seine harten Worte über mich. Da wußte ich, daß ich meine Predigt ändern und einfach mein persönliches Zeugnis ablegen mußte.

Als wir diejenigen aufforderten, nach vorne zu kommen, die bisher Jesus nie als ihren persönlichen Erlöser akzeptiert hatten, war auch er dabei. Als wir uns in die Arme fielen, weinte er. »Oral«, sagte er, »zu denken, daß ich derjenige war, der nie geglaubt hat, daß du es zu etwas bringen würdest, und schon gar nicht zum Prediger.«

Onkel Willis, der damals beinahe achtzig war, nahm Jesus zum erstenmal als seinen Retter an. Und wie steht's mit dir? Hast du auch ein persönliches Zeugnis, das du anderen erzählen kannst?

5. Gib Gott niemals etwas, das nichts kostet.

In 2. Samuel wollte David ein Stück Land kaufen, um darauf einen Tempel zu bauen, in dem der Gott Israels angebetet werden sollte. Der Mann, dem das Land gehörte, war so überwältigt von der Vorstellung, daß der Tempel Gottes auf seinem Land stehen sollte, daß er es umsonst hergeben wollte.

David gab uns eines der größten Beispiele des Saatglaubens, die man sich denken kann. Er lehnte das Angebot des Mannes ab und sagte: »Ich werde Gott nicht etwas geben, was mich nichts gekostet hat« und bezahlte den vollen Preis für das Land.

An einem geizigen Mann, einem, der selbst Gott betrügen würde oder der Intrigen schmiedet, um etwas Wertvolles für wenig Geld oder gar umsonst zu bekommen, ist etwas, das Gott und die Menschen abstößt. Es ist ein schwerer Charakterfehler und eine Geisteshaltung, die sich hundertfach rächt.

Andererseits, wenn ich mich selbst dabei ertappe, etwas umsonst haben zu wollen, weiß ich, daß meine Seele vor Gott in Gefahr ist. Es gibt keine schönere Belohnung als die, wenn ich und du und wir alle in unserem Herzen wissen, daß ein guter Handel nur dann gut ist, wenn er für beide Seiten gut ist.

Gib Gott dein Bestes, und erwarte dann von Gott sein Bestes.

6. Es kommt nicht darauf an, wer recht hat, sondern darauf, was recht ist.

Es gibt keine größere Versuchung als die, einer Sache nur deshalb zuzustimmen, weil eine Person, die man gern hat, dafür ist.

Wir alle kennen solche Situationen.

Ich weiß noch, wie mein Vater bei einer Gemeindeversammlung unter Druck gesetzt wurde. Papa sagte immer wieder: »Aber nur weil John mein Freund ist, hat er nicht automatisch recht.« Freunde nahmen Papa auf die Seite. Ich hörte sie sagen: »Ellis, du könntest den Mann zu einem Feind fürs Leben machen.«

Und wenn ich hundert Jahre alt werde, vergesse ich doch nie die Antwort meines Vaters. »Es kommt nicht darauf an, wer recht hat, sondern darauf, was recht ist.« Und er stimmte seiner Überzeugung gemäß.

Wie ich schon sagte, litt mein Vater während seines Dienstes unter großer Armut, doch nach seinem Tod erwiesen ihm die bedeutendsten Leute, die wir kannten, die letzte Ehre. Sie wußten, daß Ellis Melvin Roberts integer war. Auch wir Kinder wußten das. Wir vermissen ihn noch immer.

7. Wenn du dich dabei ertappst, daß du aus tiefer Angst schreist, dann werde still und höre, wie Gott sagt: »Du brauchst nur die Hand auszustrecken, und ich bin da.«

Auf einer Bergtour hatten sich die Männer, die den Berg besteigen wollten, mit Seilen gesichert. An einer gefährlichen Stelle riß das Seil eines der jüngeren Bergsteiger, und er stürzte ein Stück weit den Berg hinunter. Sein Sturz wurde durch einen vereisten Vorsprung abgefangen, und er rollte zurück an die Felswand, inzwischen bewußtlos.

Als er zu sich kam und die Gefahr erkannte, in der er sich befand, geriet er in Panik und schrie, so laut er konnte: »Hilfe! Helft mir doch!«

Eine Stunde lang schrie er so, bis er so erschöpft war, daß er nicht mehr schreien konnte. Plötzlich hörte er eine ruhige, feste Stimme über sich sagen: »Binde dein Seil an meines, und ich ziehe dich hoch. Du brauchst nur deine Hand auszustrecken.«

Nachdem er hochgezogen worden war, rief er: »Warum habt ihr mich nicht gehört und mich schon früher hochgezogen?«

Der Mann, der ihn hochgezogen hatte, sagte: »Alle drei Minuten habe ich mein Seil heruntergelassen und dir immer das gleiche gesagt. Aber du hast so laut geschrien, daß du mich nicht hören konntest. Aber als du dich müde geschrien hast, warst du ruhig und konntest mich hören.«

Als der Mann mir diese Geschichte erzählte, sagte er: »Eines erscheint mir daran besonders wichtig. Nachdem mir mein Freund in dieser ruhigen, festen Stimme gesagt hatte, daß ich nach oben greifen und mein Seil mit seinem verknoten soll und daß ich nur die Hand auszustrecken brauchte, geschah etwas im geistlichen Sinn mit meinem Leben.«

»Und was war das?«

»Als er sagte, sein Seil sei nur eine Handbreit entfernt, öffnete sich etwas in mir. Ich erkannte, daß ich mich mit meinem Leben von Gott entfernt hatte. Ich hatte sehr viel Angst in mein Leben gelassen, und zeitweise schrie und fluchte ich sehr viel. Aber dann erinnerte ich mich daran, daß Gott mir in dieser ruhigen, zarten Stimme befahl, mit dem Seil meines Glaubens nach oben zu greifen und es an Seines zu binden und daß Er mich hochziehen würde.«

»Und haben Sie es getan?«

»Ja, ich habe es getan. Und ich habe gelernt, daß es sinnlos ist, wenn man schreit und brüllt und die Angst sein Leben dominieren läßt. Wenn ich ruhig zuhöre, dann höre ich Gott, der mir sagt, was ich zu tun habe.«

Obwohl ich nie ein Bergsteiger gewesen bin, habe auch ich viel herumgebrüllt, wenn schlimme Dinge mein Leben, meine Karriere oder meine Familie zu bedrohen schienen. Die Geschichte dieses Mannes hatte einen tiefgreifenden Einfluß auf mich. Ich höre jetzt viel mehr zu.

8. Sage niemandem, er solle zur Hölle fahren, sage, er solle in den Himmel fahren.

Fünfundzwanzig Jahre lang war unser Rechtsbeistand ein jüdischer Anwalt, ein sehr engagierter und fähiger Mann, der unserem Werk außerordentlich treu ergeben war. Niemals hätte er zugelassen, daß irgend jemand, Jude oder Christ oder wer auch immer, schlecht über mich oder meinen Dienst spricht.

Eines Tages sagte er: »Dr. Roberts, gestern hat jemand etwas wirklich Gemeines über diesen Dienst gesagt.«

Ich ahnte schon, daß er es nicht hat durchgehen lassen. »Was haben Sie denn zu ihm gesagt?« fragte ich.

»Ich habe zu ihm gesagt, er solle zur Hölle fahren!«

»Was haben Sie getan?«

»Ich habe zu ihm gesagt, er solle zur Hölle fahren!«

»Warum haben Sie ihm nicht gesagt, er solle in den Himmel fahren?«

Er stand da wie vom Donner gerührt. »Aber ich wollte nicht, daß einer wie er in den Himmel kommt. Ich wollte, daß er zur Hölle fährt.«

»Das wollten Sie nicht wirklich«, entgegnete ich. »Ich kenne Sie, und ich weiß, Sie wollen nicht, daß irgend jemand in die Hölle kommt und so hart und schwer bestraft wird.«

Er erwiderte nichts.

Ich wartete.

»Nun«, sagte er schließlich: »Wenn ich es mir recht überlege, will ich wirklich nicht, daß ein Mensch zur Hölle fährt. Sagen Sie mir noch einmal, was Sie vorhin gesagt haben.«

»Sagen Sie ihnen, sie sollen in den Himmel fahren.«

Er brach in Gelächter aus. »Sie haben vollkommen recht«, sagte er. »Was denken Sie wohl, was für ein Gesicht er machen wird, wenn ich ihm sage, er solle in den Himmel fahren.«

Wochen vergingen. Eines Tages sagte der Anwalt: »Wissen Sie, Sie haben mir doch gesagt, ich solle den Leuten sagen, sie mögen in den Himmel fahren. Das habe ich jetzt schon zweimal gemacht, und die Wirkung war umwerfend.«

»Aber nicht nur auf die, zu denen ich es sagte, sondern auch auf mich«, fuhr er fort, »es ist einfach fabelhaft, wie viel besser es ist, jemandem zu sagen, er solle in den Himmel und nicht in die Hölle fahren.«

Für mich sind es nicht nur die Worte. Es ist die Absicht des Herzens, die Haltung, die unseren Geist durchdringt, unsere Einstellung dem Leben gegenüber, die uns Gott ähnlich macht.

Kapitel 11
Wie würde Jesus heute leben?

Gibt es einen wesentlichen Unterschied zwischen dem, was Jesus in finanzieller Hinsicht brauchte, und dem, was ein Prediger des Evangeliums heute braucht?

1. Wie steht es mit den persönlichen finanziellen Verpflichtungen Jesu? Lebte er wirklich in Armut? Wenn ja, wie konnte er dann in einer von Armut belasteten Situation leben und gleichzeitig der Menschheit eine solch triumphale Glaubens- und Hoffnungsbotschaft verkünden, wie er es in Lukas 4,18 tat: »Der Geist des Herrn ist auf mir, weil er mich gesalbt hat, Armen gute Botschaft zu verkündigen; er hat mich gesandt, Gefangenen Befreiung auszurufen und Blinden, daß sie wieder sehen, Zerschlagene in Freiheit hinzusenden.«

Wenn ich an die Verpflichtungen unserer komplexen Gesellschaft denke und die persönlichen finanziellen Bedürfnisse Jesu als eines ledigen Mannes mit den Bedürfnissen eines heutigen Predigers und Familienvaters vergleiche, kommt es mir so vor, als wären die Menschen blind gegenüber den Dienern Gottes und ihren finanziellen Verpflichtungen.

Jesus war ein unverheirateter Mann, dessen hauptsächliches Ziel es war, für die Sünden der Menschen zu sterben, damit Gott ihnen vergeben kann.

Die Prediger des Evangeliums, die er erwählt hat, um sein Werk in der ganzen Welt auszuführen, haben ganz andere finanzielle Verpflichtungen, als Jesus sie hatte, obwohl auch er bis zu einem gewissen Grad Geld brauchte. Heutzutage bringt jede christliche Tätigkeit eine Fülle verschiedener Arten von Kosten mit sich. Ebenso muß für die Familien der Prediger gesorgt werden, was in unserer heutigen Zeit sehr kostspielig ist.

Denk an die Familie eines Predigers und all ihre Bedürfnisse: angemessene Unterkunft, Nahrung, Kleidung, Schulausbildung, medizinische Versorgung, Verkehrsmittel in einer heute meist verstädterten Gesellschaft, Steuern und andere Notwendigkeiten, die zu zahlreich sind, als daß man sie alle aufzählen könnte; ferner muß man ihre Stellung innerhalb der Gemeinde bedenken. Jeder vernunftbegabte Mensch erkennt unschwer, daß dies eine andere Gesellschaft ist als die, in der der unverheiratete Jesus sich bewegte.

Die Bibel macht deutlich, daß Jesus nicht gekommen war, um die Verpflichtungen, die eine Familie mit sich bringt, auf sich zu nehmen. Was Familien und überhaupt alle Menschen betraf, war dies sein Hauptanliegen: »Ich bin gekommen, damit sie Leben haben, und es in Überfluß haben« (Joh 10,10). Leben im Überfluß bedeutet eine ausreichende Befriedigung der menschlichen Bedürfnisse, und das schließt die Bedürfnisse seines Volkes mit ein, und es schließt ganz gewiß auch die Bedürfnisse seiner von Gott gerufenen und gesalbten »Apostel, Propheten, Evangelisten, Hirten und Lehrer« (Eph 4,11) mit ein. Ohne diesen fünffältigen Dienst gäbe es keine christliche Gemeinde und keine Durchführung des Missionsbefehls (Mk 16,15), jedenfalls nicht in dem heutigen Umfang.

Die Versorgung für einen Prediger und seine Familie kommt nicht von selbst. Obwohl seine Arbeit die Administration mit einschließt, so liegen doch seine Aufgaben vorwiegend auf geistlichem Gebiet. Das bedeutet fünfzig bis siebzig Stunden harte Arbeit in der Woche, besonders wenn man berechnet, daß seelsorgerliche Gespräche, Predigtvorbereitungen, Krankenbesuche u. dgl. sich meist weit über die dafür veranschlagte Zeit hinziehen. Hinzu kommt, daß er genügend Geld verdienen muß, um seine Frau und seine Kinder zu ernähren, außerdem muß er seiner Gemeinde auch außerhalb seines Predigeramtes in vielerlei Hinsicht dienen.

2. Wie konnte Jesus auf Erden existieren? Durch Arbeit, meist durch harte handwerkliche Arbeit als Zimmermann. Im Alter von dreißig Jahren, als Er Seinen öffentlichen Dienst begann, mußte er seinen Lebensunterhalt auf andere Weise verdienen. Deshalb lesen wir auch in der Bibel, daß »viele ihm mit ihrer Habe dienten«

(siehe Lk 8,2.3). Jesus konnte unmöglich in Armut leben und gleichzeitig den Dienst durchführen, für den er von Gott gesalbt worden war. Genauso wenig kann dies ein Mensch, den er heute zu einem geistlichen Dienst ruft. Beachte, daß Lukas von denjenigen, die Jesus und seine Apostel (und deren Helfer) unterstützten, sagt, sie seien viele gewesen. Und auch heute sind dazu viele nötig, umso mehr, als das Verkünden des Evangeliums sich heute über die ganze Welt erstreckt.

Beachte auch folgendes: Wenn ich auch hier den geistlichen Dienst sehr präzisiere, beinhaltet er doch nicht nur Prediger, sondern alle Menschen, speziell jene, die Gott in den verschiedensten Lebensbereichen dienen.

Es ist überliefert, daß Joseph früh gestorben ist, und so mußte Jesus für seine Mutter Maria und für die Kinder sorgen, die sie aus ihrer Ehe mit Joseph hatte. Wenn das wahr ist, und höchstwahrscheinlich ist es wahr, dann erforderte dies ein ziemlich hohes Einkommen.

Zumindest aber mußte Jesus für sich selbst sorgen: für seine Unterbringung, seine Nahrung, seine Kleidung, und er brauchte Geld zum Reisen usw. Wir wissen, daß Jesus in der Lage war, für all dies zu sorgen, weil alle männlichen Juden ein Handwerk erlernen mußten, Jesus war, wie wir wissen, Zimmermann. So gewissenhaft wie er war, muß er ein guter Arbeiter gewesen sein.

Abgesehen von den finanziellen Verpflichtungen, die Jesus nach Josephs Tod für Maria und ihre jüngeren Kinder eingegangen war, müssen die Gelder, die er für sich selbst brauchte, ebenfalls beträchtlich gewesen sein. Für sich selbst zu sorgen ist, damals wie heute, keine leichte Aufgabe. Und niemand kann bei der Arbeit sein Bestes geben, wenn er gezwungen ist, in materieller Armut zu leben.

Niemand kann leugnen, daß unsere Welt sich mit ihren mehr als fünf Milliarden Menschen – und die Bevölkerung wächst ständig –, mit ihren enormen Kommunikationsmöglichkeiten, wie Radio, Fernsehen, Satelliten, elektronische Nachrichtenübermittlung, mit ihrer Kernkraft wesentlich von der kleinen Welt unterscheidet, die sich um das Mittelmeer erstreckte und eine Bevölkerung von nicht mehr als 100 Millionen Menschen hatte. Vielleicht sogar so sehr unterscheidet, daß sich ein Vergleich kaum anbietet.

Das Existenzminimum für eine Familie wird gegenwärtig von der amerikanischen Regierung bei 11.000 Dollar pro Jahr angesetzt. Heute braucht man Dollars, keine Pfennige, um Brot und Milch zu kaufen.

Dem geistlichen Dienst Armut verordnen zu wollen, und zwar unter dem Vorwand, daß auch Jesus in Armut lebte, reicht aus, um selbst Jesus wütend zu machen!

Nehmen wir an, meine Überzeugung, daß Jesus der Bibel zufolge ein Haus hatte, sei falsch. Wo lebte er dann, wo aß er, wo hatte er seine Kleidung? Wenn er kein Geld hatte, wie sorgte er dann für seine zwölf Apostel und deren Helfer?

Wenn sein Dienst nicht wie ein Geschäft organisiert gewesen wäre, wie hätte er dann in so vielen Städten predigen, lehren und heilen können?

Schliefen Jesus und seine Helfer auf der Straße? Bettelten sie um Essen? Waren sie armselig gekleidet, in Palästina, wo es im Winter eiskalt ist und im Sommer bis zu 46 Grad heiß wird?

Wenn Jesus ein Familienvater gewesen wäre, wie hätte er überleben können, wenn man weiter darauf bestehen will, daß er arm war und keinen Platz hatte, wo er sein Haupt betten konnte?

Stell dir einmal vor, Jesus käme zu mir und sagte: »Oral, ich möchte gern deine Rolle als Familienvater übernehmen, einschließlich aller finanziellen Verpflichtungen, wie Unterhalt für Frau und Kinder, Ausbildung für den Dienst als Prediger, Steuern – bei Stadt, Gemeinde und Bund. Ich möchte ein Auto kaufen, so wie du es tun mußt, und es instandhalten, Monatsraten zahlen, die Rechnungen der Kaufleute bezahlen, die Rechnungen der Stadtwerke, das Wirtschaftsgeld, die Miete und alle anderen Kosten übernehmen.«

Angenommen, er wollte eines der Ämter innerhalb des Dienstes übernehmen, die er durch die Apostel in die Gemeinde hat einführen lassen, und er wollte dieses Amt gemäß seines Auftrags an mein Leben als Evangelist durchführen. In meinem Fall hätte er zuerst Pastor werden müssen. Ich mußte lernen, wie die Ortsgemeinde organisiert und welches das System der Gemeindeverwaltung der Denomination war, die mich als Prediger ordiniert hat.

Als es Zeit war, meinem Ruf als Heilungsevangelist zu folgen, hätte er an meiner Stelle ein großes Zelt mit Orgel, Klavier, Tausenden von Klappstühlen, Lastwagen und Sattelschleppern kaufen müssen. Auch die ganze andere Ausrüstung für dieses riesige transportable Auditorium hätte er kaufen müssen, ferner müßte er alle städtischen Vorschriften erfüllen, um Zehntausende von Menschen gemäß der strengen Gesetze der heutigen Gesellschaft und mit Hilfe eines Teams von ausschließlich für ihn arbeitenden Ordnern und von ihm bezahlten Helfern zu überwachen.

An meiner Stelle müßte Jesus mit meinen begrenzten Möglichkeiten arbeiten, mit meinem Wissen und mit meiner Erfahrung beim Umgang mit einer so komplexen Organisation wie der unseren, und er müßte über eine Million Menschen pro Jahr über zwanzig Jahre lang auf Evangelisationen in Zelten betreuen. Er müßte Geldgeber finden, und Seelsorgehelfer ausbilden, die 1.000 bis 2.000 Bekehrte pro Gottesdienst betreuen würden. Zudem müßte er die Verantwortung für die Sicherheit all dieser Menschen übernehmen.

Laß uns also noch einmal Jesu Dienst anschauen und ihn mit den Anforderungen der heutigen komplizierten und kostspieligen Gesellschaft vergleichen.

3. Warum sträuben sich Kirche als auch Welt gegen die Worte Jesu: »Der Arbeiter ist seines Lohnes wert« (Lk 10,7)?

Das Wort *Lohn*, wie Jesus es im Zusammenhang mit seinen Predigern gebrauchte, ist nicht dasselbe Wort *Lohn* unserer weltlichen Organisationen. Es ist ein göttliches Vorrecht des Dienstes, daß sie Gottes Ruf vor allen Dingen Folge leisten müssen, und dafür versorgt Gott ihre menschlichen Bedürfnisse mit genügend Geld.

Wenn ein Mitglied des Gemeindevorstandes sagt: »Wir zahlen unseren Predigern so-o-o viel«, so ist dies unbiblisch. Der Gemeindevorstand ist eine nützliche Einrichtung, wenn er für den Prediger alle anfallenden Geschäfte so erledigt, daß dem Prediger die Zeit bleibt zu predigen und seinen Dienst am Wort zu versehen. Er sollte darauf achten, daß ein angemessener Teil des Geldes, das durch den Prediger hereinkommt, für den Unterhalt des Predigers zur Verfügung gestellt wird.

Doch Gott sieht den Dienst eines Predigers nicht als etwas, für das man mit Geld bezahlen kann. *Wenn man für ihn bezahlen könnte, dann könnte man ihn auch kaufen.* Wenn das geschieht, kann der Prediger leicht zu dem werden, was die Bibel einen »Mietling« nennt (siehe Joh 10,12). Das bedeutet, daß der Prediger mehr Aufmerksamkeit darauf verwendet, den Menschen zu gefallen als dem Gott, der ihn berufen hat.

Als Jesus sagte, wir Prediger seien unseres Lohnes *wert*, meinte er, daß wir in seinem Lohn ständen, nicht in dem der Menschen.

Kürzlich las ich ein bekanntes nicht-kirchliches Nachrichtenmagazin, in dem eine ganze Seite einem Artikel mit dem Titel »Und dann bleibt nur noch Pastor sowieso übrig« gewidmet war. Es wurde in der Zeitschrift so dargestellt, als gäbe es auf der Welt nur noch einen Prediger, der als ehrlich und glaubwürdig bezeichnet werden kann. Ich kenne den Genannten gut und verehre ihn sehr. Ich sagte zu meiner Frau: »Er wird beleidigt sein, wenn er das über sich liest.« Evelyn ging noch weiter und sagte leicht empört: »So sehr ich ihn auch verehre und ihm vertraue, ist er doch nicht ehrlicher und glaubwürdiger als du und als viele andere, die ihre ganze Kraft Gott und dem Dienst Gottes geben!«

Ich war über diese Meinung – und mehr als eine Meinung war es nicht – nicht weiter beunruhigt, denn wie hatte doch Gott zu dem Propheten Elia gesagt, der einmal glaubte, er sei der letzte Mann Gottes, der noch übriggeblieben war: »Aber ich habe 7.000 in Israel übriggelassen, alle die Knie, die sich nicht vor dem Baal gebeugt haben« (siehe 1. Kön 19,18).

Multipliziere die 7.000 von damals, als die Zahl der Prediger Gottes gering war, mit der weitaus größeren Zahl in unserer stark bevölkerten Welt, und Gott könnte ohne weiteres sagen: »Ich habe 700.000 oder 7.000.000 Prediger, die mir nicht die Treue gebrochen haben!«

In meinem Leben habe ich das Auf und Ab der öffentlichen Meinung und der kirchlichen Meinung gesehen, und ich habe erlebt, daß man viele Männer Gottes für die Sünden einiger weniger verantwortlich machte. Doch ich habe auch gesehen, wie immer wieder neue riesige Wellen von Erweckungen und Gemeindegründungen gekommen sind. Ein kleines Gedicht fällt mir ein in dieser Zeit der Verwirrung und der regelrechten Verfolgung, von der sich heute viele aufrichtige Männer Gottes bedroht sehen:

Niedergeschmetterte Wahrheit wird wieder erhoben sein,
Gottes ewige Jahre gehören ihr;
Doch gekränkter Irrglaube windet sich in Pein,
Und liegt inmitten der Betenden allhier.

4. Wie hätten die Medien über Jesus berichtet?

Ständig werde ich, was die angebliche Armut Jesu betrifft, mit den Nachwirkungen der jahrhundertealten Lehren und Überzeugungen in den Köpfen religiöser Menschen konfrontiert. Für die Nachrichtenmedien sind negative Berichte über jegliche Form christlichen Wohlstandes beinahe zur Routine geworden.

Ich frage mit allem Respekt, was diese Meinungsmacher mit Jesus täten, wenn er heute im Fernsehen auftreten würde. Er predigte so, daß die Leute seiner Heimatstadt ihn töten wollten. Würden die Reporter an seine Wunder glauben? Wenn ihnen Berichte vorlägen, denen zufolge er nachts über das Wasser geht, und wenn die einzigen Augenzeugen seine eigenen Jünger wären, würden sie dann in ihren regionalen und überregionalen Berichten sagen: »Ist das nicht wunderbar?« Oder würden sie ihre bestbezahlten Zeitungsleute schicken, um diejenigen einem Verhör zu unterziehen, die glauben, daß Jesus wirklich auf dem Wasser gegangen ist, bis sie sie der Lächerlichkeit preisgegeben hätten?

Stell dir die Zeitungsmeldungen vor, die berichten, wie Jesus Wasser in Wein verwandelt hat. Oder wie Jesus in einem sturmgepeitschten Boot steht und den Wassern befiehlt »Seid still!« und wie das ganze Meer sich sofort beruhigt und der Sturm nachläßt. Oder was täten sie mit Berichten darüber, daß er Tote zum Leben erweckte? Oder daß er siebzig von seinen Jüngern aussandte, um die Kranken zu heilen und Dämonen auszutreiben und daß sie jedem erzählten, wie erfolgreich sie dabei gewesen waren? Würden die Nachrichtenmedien darüber objektiv berichten?

Oder denk daran, wie Jesus einmal nicht die richtige Geldmünze hatte und Petrus schickte, um diese Münze aus dem Maul eines Fisches zu holen. Würden die Zeitungsleute Petrus nicht bestürmen und Beweise verlangen, die er unmöglich erbringen könnte?

Stell dir vor, was die Medien aus dem gemacht hätten, was 120 Jünger Jesu am Pfingstmorgen gesagt haben. Wie der Heilige Geist über sie kam und wie sie in Sprachen redeten, die sie nie gelernt hatten. Und wie diejenigen, die Zeuge dieses Phänomens wurden und in deren Muttersprache die Jünger Jesu jetzt redeten, sie verstanden.

Oder wie sie die Menschen in ihrer Gemeinde dazu brachten, alles Geld und allen Besitz zusammenzulegen und wie sie alles gerecht untereinander aufteilten.

Vergegenwärtige dir die Kreuzigung. Denk an die Berichte, die diese blutige Szene als einen Akt der Liebe bezeichnen, denn der Vater liebte alle Menschen so sehr, daß er seinen eingeborenen Sohn gab, und alle, die an diese blutige Kreuzigung des Mannes, den sie töteten, glaubten, würden *nicht* in die Hölle, sondern in den Himmel kommen!

Wie klein sind all unsere Taten verglichen damit.

Stell dir die Zeitungsmeldungen über die Auferstehung Jesu vor und wie die Medien die wenigen Leute gejagt hätten, die sagten: »Ich bin dabei gewesen.« Oder: »Ich habe mit ihm danach gesprochen.« Oder: »Nachdem er auferstanden war, kam er zu uns, als wir fischten und nichts fangen konnten, und sagte uns, wie wir den besten Fang unseres Lebens einholen könnten.«

Petrus kam ins Gefängnis; Paulus kam in den Kerker; Stephanus wurde gesteinigt. So kam das Christentum in eine schon religiöse Welt. Würden die Medien nicht sagen: »Heute haben wir zuviel Religion in der Welt«?

Mit solchen Vorurteilen müssen diejenigen, die im Dienste Jesu predigen, lehren und heilen, heutzutage in der westlichen Welt fertigwerden.

Diese verzerrten Vorstellungen der Medien sind es auch, die die falsche Darstellung verbreiten, daß Jesus arm gewesen sei und daß seine Diener heute auch unbedingt arm sein müssen. Was hat also unser Leben heute mit der angeblichen Armut Jesu zu tun?

Alles! Denn wäre Jesus wirklich arm gewesen, wie so viele bewußt oder unbewußt glauben, und wie es auch von den Medien dargestellt wird, wäre er ein wandelndes Gerippe gewesen, ein kraftloser Mann mit ausgemergeltem Körper, der hungrig und in Lumpen gehüllt umherzieht und einen Platz zu finden versucht, wo er in der Nacht schlafen kann. Er wäre ein Phantast gewesen, ganz in die Geschichten aus seiner eigenen Vergangenheit eingesponnen, die ihm seine Mutter erzählt hatte. Was für eine Auswirkung hätte das Vorbild eines solchen »Messias« auf seine Nachfolger?

Noch nach all diesen Jahren erinnere ich mich daran, daß die »Saat« der guten Werke und der Intelligenz meines Vaters nie eine volle Ernte einbrachte. Ganz gleich, wie gut er predigte, wieviele Seelen er gewann, wieviele Gemeinden er ins Leben rief und wieviel Integrität er besaß – die tägliche Realität der Armut in seinem Leben zerstörte seine Seele. Sie behinderte das Wachsen seiner Saat wie Dürre und Schädlinge. Ich erinnere mich an die Armut, der er nicht entfliehen konnte. Und ich erinnere mich daran, wie diese Armut mich daran hinderte, Gott als einen guten Gott zu sehen, bis es mich beinahe mein Leben kostete.

Denk nur einmal daran, was geschähe, wenn alle Christen Jesus im richtigen Licht sehen und ein für allemal erkennen würden, daß Jesus kein armer Landstreicher war und Armut nicht zu seiner Lebensphilosophie erhob. Dann wären wir alle ohne Vorbehalte für die Möglichkeit offen, daß Gott uns in seinen wunderbaren Dienst ruft. Mit neuen Augen könnten wir eine Wahrheit sehen:

OHNE GOTT KANN ICH NICHT,
OHNE MICH WILL ER NICHT.

Diese Wahrheit würde uns frei machen! Dann, mein Freund, wüßten wir, daß es so vieles gibt, für das es sich zu leben lohnt!

Kapitel 12
Der kleine, einarmige Junge

Am besten schließe ich dieses Buch, indem ich dir von den Kälberjagden meiner Heimat – den Staaten im Südwesten der Vereinigten Staaten – erzähle.

Als Junge nahm ich auf der Ranch meines Vaters und den Viehweiden unseres Nachbarn an einigen dieser Kälberjagden teil, doch meistens war ich Zuschauer, nicht Teilnehmer. Hier draußen, wo es Tausende von Ranches gibt – riesige, mittelgroße und kleine –, wo Millionen von Rindern grasen und ihre Kälber zur Welt bringen und schließlich auf die Tische Amerikas und anderer Länder gelangen, hat sich manch ein kleiner Junge ein Kalb erkämpft.

Diese Kälberjagden finden zu bestimmten Zeiten im Jahr statt: bei Rodeos, Jahrmärkten und Viehauktionen. Es werden zehn- bis zwölfjährige Jungen ausgesucht, und die Rancher geben demjenigen ein Kalb, dem es gelingt, das Kalb einzufangen und nicht wieder loszulassen. Das hört sich einfach an. Aber eine Schar kleiner Jungen in eine Arena zusammen mit 100 Pfund schweren Kälbern zu stecken, ist schon sehenswert.

Der Junge muß das Kalb, das er sich ausgesucht hat, einfangen, seinen Arm um den Hals des Tieres legen, es zu Boden werfen und zehn

Sekunden lang festhalten. Wenn ihm das gelingt, kann er das Kalb behalten, ein Jahr lang füttern und im nächsten Jahr zurückbringen, um es zu verkaufen... und dann gehört ihm das Geld. Das ist wirklich aufregend.

Meine Geschichte handelt von einem kleinen Jungen, der nur einen Arm hatte, und als er sich meldete und ein Kalb fangen wollte, rieten alle ihm ab, weil sie meinten, er hätte keine Chance. Aber er hatte so einen entschlossenen Ausdruck in seinen Augen, und da sagten sie: »In Ordnung, Junge, versuchen kannst du es ja mal.«

Als dann die fünfundzwanzig oder dreißig ausgelassenen Kälber hereingetrieben wurden und die Glocke den Jungen das Zeichen gab, »sie sich zu holen«, stieß jener kleine, einarmige Junge einen Schrei aus und rannte zu dem Kalb, das er sich ausgesucht hatte. Es gelang ihm, seinen einen Arm um den Hals des Kalbes zu legen, doch das Kalb war so stark, daß es den kleinen Burschen durch die ganze Arena schleifte.

Inzwischen hatten die meisten ihr Kalb, und sie wurden gezählt und weggebracht.

Und da endlich bemerkten die Zuschauer, daß der einzige Junge, der noch übrig war, jener kleine, einarmige Junge war, der sich ein Kalb ausgesucht hatte, von dem er nicht lassen wollte. Weil er sich mitschleifen ließ, wohin auch immer das Kalb ihn zog, begann die Menge, ihm zu applaudieren und Mut zu machen. Aber dann wurde es ernst. Als sie sahen, daß er nicht loslassen wollte, und als es so aussah, als könnte das Kalb ihn verletzen, wurde es totenstill.

Ein reicher Rancher lief zu dem Manager und rief: »Gehen Sie raus und sagen Sie dem Jungen, er soll das Kalb loslassen. Ich werde ihm ein Kalb schenken.«

Der Mann lief in die Arena und brüllte: »Junge, laß los! Da ist ein Rancher, der dir ein Kalb so geben will.«

Der kleine Junge knirschte mit den Zähnen. »Nein! Die anderen Jungen, die mit zwei Armen, haben alle ihr Kalb. Und ich werde meins bekommen.« Und er hielt sich mit seinem Arm noch fester am Hals des Kalbes fest, als das Kalb ihn immer weiter durch die Arena schleifte.

Einige Leute fingen an zu weinen. Männer stampften mit den Füßen auf und riefen: »Gib auf, Junge!« Während sie zusahen und um sein Leben fürchteten, sagte der kleine Junge immer wieder zu dem Kalb: »Du gehörst mir, und niemand wird dich mir wegnehmen.«

Schließlich, während der eine Arm den Hals des Tieres umfaßte, wurde das Kalb immer langsamer und fiel endlich zu Boden. Der Schiedsrichter lief zu ihm und fing an zu zählen: »Eins, zwei, drei, vier, fünf, sechs, sieben, acht, neun, zehn!«

»Es ist jetzt deins, Junge, du kannst loslassen!« Aber der kleine Junge hielt das Kalb noch immer fest. Sie mußten seinen Arm von dem Hals des Tieres wegreißen. Das war Gottes Werk in jenem kleinen, einarmigen Jungen. Gott hatte ihm ein »Maß des Glaubens« gegeben (Röm 12,3).

Er hatte sein Wunder mit dem Griff des Glaubens gepackt und war nicht bereit, es wieder loszulassen.

Jedesmal, wenn ein »Aufhörer-Geist« in dich eindringen will, mach dir klar, daß er nicht von Gott, sondern vom Teufel kommt. Der Teufel ist ein »Aufhörer«, Gott ist ein Vollender. Dieser Geist eines Vollenders wohnt in dir. Vielleicht hast du nicht eine so günstige Ausgangsposition, wie andere es haben. Doch dein menschlicher Geist ist eine neue Schöpfung. Er ist von Gott wiedergeboren worden, und dieser Geist ist deine wahre Persönlichkeit (2. Kor 5,17; 1. Petr 1,3; Eph 4,24). Wir können deinen physischen Körper sehen, doch nicht deinen inneren Menschen. Dort, in deinem Geist, liegt die Kraft, wenn dein Körper schwach wird. Und da begegnet dir Gott: *in deinem Geist!*

Als unser himmlischer Vater seinen Sohn als ein kleines Kind auf die Erde sandte, damit er dort aufwüchse und zu unserem Erlöser würde, war er mit Armut geschlagen; Geld war knapp, Freunde waren rar, Kleidung war nur schwer zu bekommen, und niemand glaubte, er hätte eine Chance.

Es war keine Kälberjagd, sondern eine menschlicher Kampf. Jesus wählte nicht *einen einzelnen* aus, den er haben wollte. *Er wollte uns alle haben.* »Gehe nicht in diese Arena«, rief man ihm zu, »da wirst du nie lebend herauskommen.«

Aber nimm die Entschlossenheit in dem Geist jenes kleinen, einarmigen Jungen mal, sagen wir, eine Billion, und du wirst eine schwache Vorstellung davon haben, welch eine enorme Kraft des Geistes Jesus bewegte.

»Ich werde ein Haus haben... ich werde eine Kasse haben... ich werde ein Mitarbeiterteam haben... ich werde ganze Menschenscharen heilen und befreien... viele von ihnen werden mir mit ihrer Habe dienen ... ich werde das Gewand bekommen, das ich tragen sollte, und es wird keine Nähte haben zum Zeichen dafür, daß ich die Menschen heil mache... ich werde nicht wie ein Landstreicher beerdigt werden ... ich werde nicht aufgeben, ich werde unter keinen Umständen von dem lassen, was mir gehört, nämlich von den Menschen, für die ich gestorben bin.«

Sein eigenes Leben mußte sterben. Sie holten ihn vom Kreuz, mit zerschlagenem, zerschundenem und blutendem Körper. Sie begruben ihn im Grab eines reichen Mannes, so wie es 800 Jahre zuvor Jesaja prophezeit hatte. Sie stellten Wachen an seinem Grab auf. »Paßt auf, daß keiner von seinen Jüngern seinen Leichnam stiehlt«, sagten seine Feinde.

Doch keiner von ihnen hatte mit den Engeln gerechnet. Was immer Luzifer – Satan – zum Erzengel Gabriel gesagt haben mag, es konnte nichts ausrichten. Eine Hand vom Himmel berührte den massiven Stein am Eingang des Grabes, das mit dem eigenen Siegel des Pilatus versehen war, und welches zu brechen den sicheren

Tod bedeutete. Der Stein wurde aus der Rille, in der er lag, herausgerissen, die Wachen fielen um wie tot, während der Menschensohn aus den schweren, um ihn gewickelten Grabtüchern herauskam. Der auferstandene Sohn des lebendigen Gottes stand da und sah auf die Welt, die er ergriffen hatte und selbst im Tod nicht bereit war, wieder loszulassen. Er rief, und seine Worte hallten über die ganze Erde und durch alle Jahrhunderte der Vergangenheit und der Gegenwart: »Jetzt, weil ich lebe, werdet auch ihr leben!«

Der kleine Junge hatte nur einen Arm. Und das Kalb wog mehr als er. Die Chancen waren sehr ungleich verteilt. Aber es war nicht sein Arm, der das Kalb hielt, bis es fiel und wartete, daß jemand bis zehn zählt. Es war der Geist hinter diesem Arm, der in dem Jungen den Traum hervorgebracht hatte und den er unter keinen Umständen aufgeben wollte, weil er wußte, das Kalb gehört ihm.

Satan sagt: »Die Menschheit gehört mir. Ich habe sie von Adam und Eva gestohlen. Im übrigen haben die meisten Menschen mich sowieso zu ihrem Gott erwählt.«

Jesus sah ihm direkt in die Augen. »Satan, du bist ein Lügner und der Vater aller Lügen. Du kommst nur, um zu stehlen, zu töten und zu zerstören. Doch ich bin gekommen, damit sie das Leben haben und die ganze Fülle des Lebens. Nimm du deine Hände von meinem Eigentum, denn ich bin für jeden von ihnen gestorben und auferstanden. Sie gehören mir. Und ich werde keinen einzigen von ihnen loslassen!«

In der unsichtbaren Welt wütet ein Kampf. Es ist ein Kampf der Ideen, Vorstellungen, Träume und Visionen. Es ist kein Kampf zwischen Menschen, sondern zwischen Jesus und Satan. Satan ist ein Verlierer und Aufgeber, aber Jesus wird niemals aufgeben oder loslassen. Das ewige Brandzeichen seiner Liebe ist deiner unsterblichen Seele eingebrannt. Die Hölle wurde für den Teufel und seine Engel geschaffen, aber der Himmel wurde für dich gemacht. Als Gott seine Juwelen zusammenstellte, sagte er: »Sie werden mir zum Eigentum sein« (siehe Mal 3,17). »Er behütet sie wie seinen Augapfel« (siehe 5. Mose 32,10). »Sie werden eine prachtvolle Krone sein in der Hand des Herrn« (siehe Jes 62,3).

Und die Stimme, die ganze Welten ins Leben rief, die Lazarus von den Toten erweckte, die sanft und zärtlich dem Elias etwas zuflüsterte; dieses Geräusch, das auf allen Wellenkämmen reitet und von jedem Wind getragen wird; die über die Drähte, die über die Erde gespannt sind, und in dem Geist eines jeden menschlichen Wesens singt – diese Stimme reicht bis in die Tiefen deines Wesens und spricht die Sprache, die du heute sprichst. Wenn du bereit bist zu lauschen, wirst du seine Stimme hören, die dich an sein Herz zieht, und du wirst in deinem »Wisser« wissen, daß du und er zusammengehören... jetzt und für immer.

Er wird dich nie loslassen, weil er weiß, daß du ihm gehörst. Er sagte: »Niemand wird sie aus meiner Hand rauben« (siehe Joh 10,28.29).

Ich sage dir, sieh noch einmal auf Jesus. Sieh noch einmal auf Jesus und erkenne, daß er nicht arm war. Erkenne, daß er will, daß es dir in geistlicher, physischer und finanzieller Hinsicht, in deiner Familie und in jedem anderen Bereich deines Lebens wohlgeht.

Schaue auf und laß die Sonne auf dein Gesicht scheinen, den Glanz des Himmels sich in deinen Augen spiegeln, und fühle die Herrlichkeit in deiner Brust. Steh aufrecht, schaue der Welt ins Gesicht und sage, was die Jünger sagten, als der auferstandene Meister in ihrer Mitte erschien: »Wir haben den Herrn gesehen« (Joh 20,25).

DAS BROT DER KINDER
Der Befreiungsdienst Jesu
Frank D. Hammond **Neuerscheinung 1991**

In dieser biblischen Studie werden die Berichte der vier Evangelien über den Heilungs- und Befreiungsdienst Jesu analysiert. Der Autor zeigt auf, daß ›Dämonenaustreibung‹ ein alltägliches Geschehen im Leben und Dienst Jesu war und es auch heute noch ist.
In dem Bericht über die kanaanäische Frau, die zu Jesus kam, weil ihre Tochter von einem Dämon geplagt wurde, antwortet Jesus der Frau: »Das Brot wird den Kindern gegeben.« Und dies ist auch noch heute so: Heilung und Befreiung sind das Brot der Kinder.
ca. 120 Seiten ISBN 3-928019-10-4 Preis DM 14.80
ERSCHEINUNGSTERMIN: **Oktober 1991**

KÖNNT IHR NICHT EINE STUNDE MIT MIR WACHEN? Teil 2
Larry Lea **Vorwort von Wolfhard Margies**

Dem allerhöchsten Gott als Priester zu dienen, ist nicht etwas, was wir dann und wann tun können, wenn wir mal Zeit dazu haben. Es ist uns befohlen, diesen Dienst jeden Tag auszuführen. Unsere Gebete sind wie Weihrauch, den die Priester im Tempel darboten. Es durfte kein fremdes Feuer vor Gott gebracht werden. Der Weihrauch mußte ganz genau den Vorschriften Gottes entsprechend angefertigt und dargeboten werden. Die Anweisungen für unseren Weihrauch, d. h. unsere Gebete, gab uns Jesus in Matthäus 6, als er sagte: »Wenn ihr betet, dann betet auf folgende Weise ...«. Und dann gab er uns das Gebetsprogramm, welches unter dem Namen ›Vaterunser‹ bekannt ist.
In KÖNNT IHR NICHT EINE STUNDE MIT MIR WACHEN? Teil 2 macht uns Larry Lea noch einmal deutlich, daß die tägliche Disziplin des Gebets und der Fürbitte unter Einhaltung des neutestamentlichen Gebetsprogramms für neutestamentliche Priester unabdingbar ist. Und alle Gläubigen sind Priester.
ca. 196 Seiten ISBN 3-928019-11-2 Preis DM 19.80
ERSCHEINUNGSTERMIN: **Oktober 1991**

Lieferbare Titel:

ABLEHNUNG **NEUERSCHEINUNG 1991**
Frank D. Hammond

Ablehnung zu überwinden ist die erste Voraussetzung zum Sieg über den Teufel im eigenen Leben. Dieses Buch gibt praktisches Verständnis über die Probleme, die durch die Wunden der Ablehnung entstehen.
* Ablehnung ist eine der schwerwiegendsten inneren Verletzungen. Und doch hat sie bisher wenig Beachtung gefunden und wird in diesem Buch zum ersten Mal systematisch behandelt.
* Ablehnung ist eine Verletzung, die eine Öffnung für ›geistliche Bakterien‹, die Bibel nennt sie unreine Geister, darstellt.
* Ablehnung berührt einen jedesmal, wenn notwendige Liebe nicht erfahren wird. Solche Verletzungen entstehen erfahrungsgemäß bereits kurz nach der Empfängnis, und dann im Verlauf des Lebens.
* Sündige und falsche Reaktionen auf Ablehnung machen das Leben komplizierter und geben dem Teufel ein Anrecht.

Wie gehe ich also mit Ablehnung in richtiger Weise um? Dieses Buch gibt praktische und erprobte Antworten. Der Autor: Frank Hammond war 38 Jahre Pastor in Baptistengemeinden in Texas und Colorado, USA. Nachdem Frank und seine Frau Ida Mae selber Befreiung erfahren haben, fingen sie an, anderen zu dienen und über die Rolle der selbst Befreiung im Dienst Jesu und in der Gemeindearbeit heute zu lehren. Seit 1970 stehen sie ganz im Reisedienst und haben in vielen Ländern der Welt Konferenzen über Heilung und Befreiung abgehalten.

96 Seiten ISBN 3-928019-07-4 Preis DM 12.80

KÖNNT IHR NICHT EINE STUNDE MIT MIR WACHEN?
Larry Lea **Vorwort von Wolfhard Margies und Berthold Becker**

Gebet ist nicht eine Sonderaufgabe für Christen die viel Zeit haben. Gott ruft jeden Gläubigen zum Gebet. Das Neue Testament gibt klare Anweisungen darüber, wie wir ein Gebetsleben entwickeln können. Diese Entdeckung hat Dr. Larry Lea gemacht, und hat sie in diesem Buch in verständlicher und biblisch fundierter Weise dargelegt. Der Sohn Gottes selber hatte es nötig, viel Zeit im Gebet zu seinem Vater zu verbringen. Wieviel nötige haben wir es? Larry Lea zeigt uns einen ganz klaren Weg, wie wir unser Gebetsleben nach dem Worte Gottes ausrichten und mächtige Gebetskämpfer werden können. Dieses Buch ist ein Muß für jeden Gläubigen.

208 Seiten ISBN 3-928019-00-7 Preis DM 19.80

OHREN UM ZU HÖREN
Larry Lea **Vorwort von Peter Wenz**

Spricht Gott noch zu uns? Oder hat er seine Kommunikation mit den Menschen vor 2000 Jahren abgebrochen? Wenn er noch zu uns spricht, wie kann ich dann lernen, seine Worte zu verstehen? Nach welchen Kriterien entscheide ich, ob es seine Stimme ist, oder nicht? Larry Lea, der Autor von KONNT IHR NICHT EINE STUNDE MIT MIR WACHEN? zeigt uns anhand der Heiligen Schrift, wie jeder Gläubige es lernen kann, die Stimme seines himmlischen Vaters zu hören, wie man Mythen, Mißverständnisse und Hindernisse wegräumt, seine geistlichen Ohren entwickelt und sie auf Empfang stellt.

196 Seiten ISBN 3-928019-01-5 Preis DM 19.80

IST DENN DORT DRAUSSEN NIEMAND DER MIR HELFEN KANN?

Sandy Brown

»Ist denn dort draußen niemand, der mir helfen kann?« ist der Schrei in den Herzen der Menschen überall. Manchmal wird er laut hinausgeschrien – häufig aber bleibt er einfach als innere Unruhe, eine unbestimmte Sehnsucht in einem Menschen, der seine normale Lebensroutine Tag für Tag bewältigt. Eine innere leere ist vorhanden, die kein Beruf, kein materieller Besitz aus füllen können. »Es IST jemand dort draußen, der DIR helfen kann, SEIN NAME IST JESUS!«

115 Seiten ISBN 3-928019-08-2
Neue Auflage als Taschenbuch Preis DM 6.00

NICHT MIT FLEISCH UND BLUT

Larry Lea **Vorwort von Suzette Hattingh**

Wir kämpfen nicht mit Fleisch und Blut, sondern mit den Fürsten und Gewalten der Finsternis. Alle Christen stehen in diesem Kampf, und in diesem Kampf gibt es kein unentschieden, sondern nur ein Siegen oder Verlieren. Larry Lea zeigt uns in diesem Buch, wie wir diesen Kampf gewinnen können. Er zeigt uns, wie wir mit den ›Goliaths‹ dieser Welt, die uns täglich begegnen, fertig werden können, nämlich in der Kraft des Glaubens.

240 Seiten ISBN 3-928019-02-3 Preis DM 19.80